Karl Philipp Moritz

Vorbegriffe zu einer Theorie der Ornamente

Karl Philipp Moritz

Vorbegriffe zu einer Theorie der Ornamente

ISBN/EAN: 9783744701051

Hergestellt in Europa, USA, Kanada, Australien, Japan

Cover: Foto ©Thomas Meinert / pixelio.de

Weitere Bücher finden Sie auf **www.hansebooks.com**

Vorbegriffe

zu einer

Theorie der Ornamente

von

Karl Philipp Moritz.

Mit Kupfern.

Berlin, 1793.
in Karl Matzdorff's Buchhandlung.

Das Zierliche setzt man dem Unbehülflichen, der schweren Masse, dem Plumpen entgegen. Der menschliche Geist ist immer wirksam, er kann die einförmigen todten Massen nicht dulden, er sucht ihnen Leben einzuhauchen, er schafft und bildet nach sich selber, von dem armen Wilden, der seinen Bogen schnitzt und sein Kanot regiert, bis auf den erhabensten Künstler —

Was ist es anders, als der innere Trieb nach Vollkommenheit, der sich auch hier offenbart, der demjenigen, was an sich keinen Schluß, keine Grenzen hat, eine Art von Vollendung zu geben sucht, wodurch es sich zu einem Ganzen bildet —

Das schönste Säulenkapitäl trägt und stützt nicht besser, als der stumpfe Schafft —

Das kostbarste Gesimse deckt und wärmt nicht besser, als die platte Wand —

Der Mensch will in einem Gebäude nicht nur mit Wohlgefallen wohnen — er will es auch mit Wohlgefallen ansehen — und es arbeiten für die Nahrung des Auges fast eben so viele Hände als für die Ernährung des Körpers. —

Die Kunst kann sich daher unaufhörlich vervielfältigen; denn das Auge siehet sich nimmer satt, und das Ohr höret sich nimmer satt. —

So wie nun aber schon der Anblick des gewölbten Himmels, der grünen Wiesenfläche und des Blattes am Baume, die Seele, welche mit ruhigen Sinnen diesem Anblick eröfnet ist, unmerklich emporzieht und veredelt, so kann auch die geringste wohlgewählte Zierrath durch das Auge die Seele ergötzen, und unmerklich auf die Verfeinerung des Geschmacks und Bildung des Geistes wirken. —

Daher ist selbst das Streben nach Verzierung ein edler Trieb der Seele, wodurch der Mensch sich von dem Thiere, das nur seine Bedürfnisse befriedigt, unterscheidet — und wenn dieser Trieb nicht mißleitet wird, so ist er eben so wohlthätig als der Trieb nach Wissenschaft und nach der hohen Kunst. —

Wie groß der Trieb des Menschen nach Schönheit sey, sieht man daraus, daß er selbst da, wo die Schönheit nicht mehr statt findet, wenigstens noch für die Zierde Platz zu gewinnen sucht.

Der Rahmen.

Warum verschönert der Rahmen ein Gemählde, als weil er es isolirt und aus dem Zusammenhange der umgebenden Dinge sondert.

Die Schönheit des Rahmens und die Schönheit des Bildes fließen aus einem und demselben Grundsatze. — Das Bild stellt etwas in sich Vollendetes dar; der Rahmen umgrenzt wieder das in sich Vollendete.

Er erweitert sich nach außen zu, daß wir gleichsam stufenweise in das innere Heiligthum blicken, welches durch diese Umgrenzung schimmert.

Durch den Werth und Umfang des Gemähldes zeichnet die Grenzlinie sich von selber, wo der Rahmen ein plumpes überladenes Ansehen erhalten, und das Ganze dadurch wie erdrückt scheinen würde.

So wie der Rahmen am Gemählde, sind die Einfassungen überhaupt, durch die Idee des Isolirens oder Heraushebens aus der Masse zu Verzierungen geworden; der Saum und die Bordirung am Gewande; der Purpurstreif auf der Toga der alten Römer; der Ring am Finger; und um das Haupt die Krone und das Diadem.

———

Abwechselung und Einheit in der Landschaft.

Nichts ist langweiliger und ermüdender, als eine gerade Heerstraße, wo man das Ziel, das man erreichen will, immer in einerlei Richtung vor sich siehet. —

Ein Pfad, der sich schlängelt, ist angenehmer, als ein gerader Weg; da hingegen eine schnurgrade Straße in einer Stadt, die sich auf einmal dem Auge darstellt, an sich schon, wegen der Größe des Gegenstandes, einen angenehmen Eindruck macht.

Ein Garten, der aus lauter krummen labyrinthischen Gängen, und einer, der aus lauter geraden Alleen bestände, würden in ihrer Anlage gleich tadelnswerth seyn! —

Denn die Seele, wenn sie durch die umgebenden Gegenstände angezogen werden soll, wünscht bald ein Ganzes auf einmal zu übersehen, und bald sich wieder in sanften Krümmungen zu verlieren, wo das, was kommen soll, nur zuweilen wie verstohlen dem Blicke sich zeigt, und sich nicht eher in seinem Umfange darstellt, bis man es ganz erreicht hat.

So wie die aufeinander folgenden Töne in der Musik erst allmälig ein Ganzes bilden, das mehr in der Erinnerung als in der Wirklichkeit sich in der Seele darstellt, so ist eine Gegend, welche nicht auf einmal, sondern allmälig, so wie man sie durchwandelt, ihr Bild in der Seele abzeichnet.

In einer Landschaft, wo die verschiedensten Gegenstände aus der Pflanzen- Thier- und Menschenwelt, ohne Plan und Zweck zusammen gedrängt sind, wie z. B. in einigen niederländischen Darstellungen des Paradieses, herrscht Vielfältigkeit, aber keine Mannichfaltigkeit.

Wo Mannichfaltigkeit herrscht, da bietet sich bei den verschiedensten Gegenständen dennoch ein Hauptgesichtspunkt für das Ganze dar, worunter sich alles übrige ordnet, und die Uebersicht dem Auge erleichtert wird.

Menschliche und thierische Bildung.

In der menschlichen Form ist bei der größten Mannichfaltigkeit die größte Einheit. — Alle Thiergestalten sind gleichsam nur Abarten oder Spielarten von der menschlichen Form.

Allenthalben ist Leib und Kopf; aber nirgends alles übrige, so auf den Kopf und das Auge hindeutend, wie bei dem Menschen. —

Bei dem Menschen ist das Haupt die Vollendung des Ganzen, und alles übrige weist darauf hin — alles übrige ist dazu gleichsam die Stufenleiter —

Bei dem Thiere bücket sich das Haupt zur Erde, und dient dem Körper nur, um ihn mit Nahrung zu versorgen. —

Bei dem Menschen ist der ganze übrige Körper dem Haupte dienstbar.

Demohngeachtet nimmt die Kunst in einzelnen Theilen zu der Thierwelt ihre Zuflucht, um ihre Bildungen zu verschönern — Jupiters Haupt schüttelt die Löwenmähne — und auf der Schulter eines Herkules strebt der Nacken des Stiers empor.

Apollo in Belvedere.

Man kann freilich sagen: was für ein erstaunlicher Unterschied findet in der bildenden Kunst der Alten zwischen einem Silen und einem Apollo statt; und doch sind beide schön, ein jeder in seiner Art. —

Ein Faun oder Silen kann in seinem Charakter eben so übereinstimmend seyn, wie ein Apollo in dem seinigen. — Wer aber den Apollo gebildet hat, den wird doch wohl ein jeder für einen größern Künstler halten, als denjenigen, welcher nur einen vollkommnen Faun zu bilden fähig war. —

Wer einen Apollo bilden konnte, in dessen Macht stand es auch gewiß, einen vollkommnen Faun zu schaffen, aber nicht umgekehrt konnte jeder, der einen vollkommnen Faun zu bilden fähig war, auch einen Apoll hervorbringen.

Denn wenn wir gleich zugeben, daß ein jedes Ding in seiner Art vollkommen ist, so müssen wir doch auch gestehen, daß die Arten selber sich wieder untergeordnet sind, und die eine mehr Vollkommenheiten in sich faßt, als eine andere. —

So enthält die ganze Thierwelt nicht so viele Vollkommenheiten in sich, als der Körperbau des Menschen. — Der Löwe und das Pferd sind von majestätischer Bildung — die aufrechte Stellung des Menschen aber, und sein zum Himmel empor gehobenes Antlitz, erhebt ihn über beide und über die ganze Thierwelt —

Auch läßt die Menschenbildung von dem Geistigen, was sie in sich faßt, am meisten durch ihre sanfte Oberfläche durchschimmern, und erhält dadurch bei der Körperlichkeit ein erhabenes geistiges Gepräge, welches der ganzen übrigen Thierwelt mangelt.

Wo nun dies geistige Gepräge am deutlichsten hervorleuchtet, das ist auch der erhabenste Gegenstand der Kunst; je mehr sich dieß Gepräge verliert, und der Ausdruck sich dem Thierischen wieder nähert, desto untergeordneter ist das Kunstwerk. —

In den Bildungen der Alten aber, so wie in ihren Dichtungen, spielt die Thierwelt in die Menschenwelt — es ist der lachende wollüstige Faun, der gleichsam den Gegensatz zu einem majestätischen Apollo macht. — Allein von dem Schönsten war der Maaßstab zu allen niedern Bildungen einmal genommen. In dem hohlem Leibe des ungestalten Satyrs fand man die Bilder der Grazien versteckt.

Spielarten des Geschmacks.

Bei den Spielarten des Geschmacks herrscht die Mannigfaltigkeit über die Einheit, bei dem ächten Geschmack ist die Mannigfaltigkeit der Einheit untergeordnet.

Durchbrochene und eingelegte Arbeit, Mosaiken, Grotesken und Arabesken, sind Spielarten des Geschmacks, wo die Mannichfaltigkeit das Herrschende und die Einheit ihr untergeordnet ist.

Man kann wohl behaupten, daß die Peters-Kirche in Rom selbst eine Spielart des Geschmacks im Großen ist; es ist eine Riesenidee, ein Pantheon in der Luft zu erhöhen — aber die Vernunft sieht keinen Zweck davon ein. —

Der ganze untere Theil ist entweder nur wie ein Gerüst zu dem obern zu betrachten, oder der obere Theil, die Kuppel selbst, bleibt immer ein überflüßiger Aufsatz zu dem untern.

Beim Anblick des mailändischen Doms weiß man kaum, ob man dies Gebäude nicht vielmehr wie eine aufgethürmte Stadt, als wie ein Gebäude betrachten soll — unzählige Gipfelchen und Thürmchen, wie lauter kleine Häuser, streben aus der ungeheuren Masse empor, und nur durch den mittelsten höchsten Gipfel erhält das Ganze eine Art von Vereinigungspunkt.

(B.)

Die Säule.

Unter Zierrath denken wir uns dasjenige gleichsam Ueberflüßige an einer Sache, wodurch sie nicht nützlicher wird, als sie schon war, sondern nur besser ins Auge fällt.

Durch die angebrachte Zierrath soll unsre Aufmerksamkeit mehr auf die Sache selbst hingeheftet werden, so daß wir bei ihrem bloßen Anblick gern verweilen.

Die Zierrath muß also nichts frembartiges enthalten, sie muß nichts enthalten, wodurch unsre Aufmerksamkeit von der Sache abgezogen wird, sondern sie muß vielmehr das Wesen der Sache, woran sie befindlich ist, auf alle Weise andeuten, und bezeichnen, damit wir in der Zierrath die Sache gleichsam wieder erkennen und wieder finden.

Je bedeutender daher die Zierrath ist, desto schöner ist sie.

Wenden wir nun diesen Satz auf die Zierrathen in der Baukunst an, so muß es einleuchtend werden, ob dieselben wesentlich oder zufällig sind, ob sie durch andere ersetzt werden können, oder nicht?

Das Kapitäl der korinthischen Säule ist mit Laubwerk verziert, wo zwischen den Blättern zarte Stengel sich hervordrängen, die oben unter dem Deckel schneckenförmig sich in sich selbst zurückkrümmen. —

Das Kapitäl der jonischen Säule hat nur die schneckenförmig in sich selbst zurückgekrümmten Auswüchse oder Voluten, ohne die Blätter.

Das Kapitäl der dorischen und toskanischen Säule ist ganz ohne diesen zarten Auswuchs und trägt nur die sichtbare Spur des Drucks von oben an sich, indem es mehr oder weniger Ringe und Reifen um sich herzieht, und stuffenweise über seinem Stamm hervortritt.

Die toskanische und dorische Säule sind kürzer, in sich gedrängter, und tragen blos das auf ihnen ruhende Gebälke —

Die jonische und korinthische Säule sind schlanker und aufgeschoßner, und heben das auf ihnen ruhende Gebälk empor.

Je kürzer die Säule im Verhältniß gegen ihre Dicke ist, destomehr nähert sie sich dem Block, der ungebildeten blos tragenden Masse; je schlanker sie aber ist, destomehr nähert sie sich dem Gebildeten, Emporstrebenden und Wachsenden.

Die korinthische Säule, als die schlankste von allen, muß daher das Zeichen des Wachsens und Emporstrebens am deutlichsten an sich tragen; nun giebt es aber in der ganzen Natur keine vollkommnere Bezeichnung des Wachsens und Emporstrebens, als den zarten Blätterwuchs, wo noch nichts geendigt und geschlossen ist, sondern immer neue zarte Sprößlinge sich hervordrängen können, und wo dies Hervordrängen und innere Streben zugleich weit deutlicher ins Auge fällt, als bei dem Stamme selbst.

Die zarten Sprossen aber, die zwischen dem Laubwerk in gerader Linie empor schießen würden, wenn sie durch den Druck von oben nicht gehemmt wären, bezeichnen eben dadurch am deutlichsten die innere wachsende und strebende Kraft, daß sie sich nun in sich selbst zurückkrümmen und ihren Wachsthum nach unterwärts in sich selbst vollenden, nachdem er von oberwärts gehemmt ist.

Man versuche es bei der korinthischen Säule, das Laubwerk und diese schneckenförmig gewundenen Stengel mit irgend einem andern Zierrath zu vertauschen, und gebe Acht, ob nicht das Ganze auf einmal ein unbedeutendes todtes Ansehen erhalten, und als ein müßiges Spielwerk ins Auge fallen wird.

Warum nicht Blumen und Früchte, statt der Blätter? — Eben deßwegen, weil hier ein durch den Druck von oben gehemmter Wuchs oder gehemmtes Emporstreben bezeichnet werden soll; und Blumen und Früchte in ihrem Wuchs schon geschlossen und vollendet sind, und nicht ferner gehemmt werden können. Die Blume senkt ihr

Haupt und die Frucht zieht den ſchwer beladenen Aſt zu Boden.

Durch Blumen und Früchte würde unſre Aufmerkſamkeit, von dem eigentlichen Begriffe des durch den Druck gehemmten Emporſtrebens der ſchlanken Säule abgezogen, und auf etwas fremdes, nicht zur Sache gehöriges gelenkt werden.

Denn die Säule hat ja weiter nichts als das anſcheinende Emporſtreben mit dem Baumſtamme gemein, nicht aber ſeine nützende fruchttragende Kraft.

Der Baum hat weiter nichts zu tragen, als ſeine eigene zu ihm gehörende Frucht, die Säule trägt etwas außer ſich, dem ſie mit leichtem Wuchs entgegen ſtrebt, und eben dieſer Anſchein von leichtem Entgegenſtreben würde ja durch alles Schwere und Niederziehende an der Säule ſelbſt gehemmt und verhindert werden.

Wollte man den Blätterwuchs an dem Kapitäl der korinthiſchen Säule mit Federnſchmuck vertauſchen, ſo würde das Ganze dadurch wie unterbrochen ſcheinen; weil Federn mit dem Begriffe eines emporschießenden Stammes nichts gemein haben, sondern die Aufmerksamkeit auf etwas anders, auf die belebte Bildung lenken, wodurch der Eindruck des Ganzen gehemmt wird.

Bei allem aber, was schön ins Auge fallen soll, kömmt es eben darauf an, daß der einfache Begriff des Ganzen durch nichts Unübereinstimmendes gestört und unterbrochen werde.

Die korinthische Säule vollendet sich auf dem Punkte, wo die zwischen den Blättern hervorsprossenden zarten Stengel zuletzt in ihrem Wachsthum wie gehemmt, paarweise unter dem Deckel in Spirallinien sich in sich selbst zurück krümmen, ohne Blätter gewonnen zu haben. — In dieser letzten Vollendung steht die Säule, als ein feines und schlankes Ganze da, welches gleichsam noch mehr Kraft in sich hat, als nur das auf ihm ruhende Gebälk zu tragen, und gewissermaßen den Ueberfluß seines innern Wuchses, seiner zartesten Vollendung in sich selbst wieder aufnimmt.

Die jonische Säule tritt in bescheidne Grenzen zurück, sie verhält sich sanftentgegenstrebend, aber auch sanft leidend gegen den Druck von oben; sie schießt nicht bis zu dem üppigen Blätterwuchs der korinthischen Säule empor, welche das Gebälk nur gleichsam schwebend über sich trägt. — Sie krümmt sich nur in ihren zartesten Vollendungen durch bloße Spirallinien in sich selbst zurück. Durch die zarten Auswüchse bezeichnet sie ebenfalls, nur im mindern Grade, als die korinthische Säule, die Fülle ihres innern emporstrebenden Wachsthums; durch die Krümmungen dieser zarten Auswüchse bezeichnet sie den Druck des Gebälks von oben; und dadurch, daß nur diese zarte Sprossen, aber sie selber sich nicht krümmt, bezeichnet sie bei der Schlankheit und dem emporstrebenden Wuchs, ihre inwohnende Stärke, wodurch sie dem Drucke in der Masse wiedersteht, und nur in ihrer letzten Vollendung seine Spur trägt.

Arabesken.

Der Ausspruch des Horaz: „Mahlern und Dich„tern war von jeher alles zu wagen erlaubt," scheint in den Arabesken das herrschende Gesetz zu seyn.

Zu den Zeiten des August lebte schon ein gewisser Ludius in Rom, der, wie der ältere Plinius erzählt, zuerst die Wände der Zimmer mit kleinen Landschaften bemahlte, wo lasttragende aufgeschürzte Frauen durch Sümpfe wateten und sich fürchteten zu fallen, und dergleichen sonderbare Gegenstände mehr, welche von dem Ernst der alten Kunst abwichen.

Vitruv eifert dagegen, als gegen einen unverzeihlichen Mißbrauch der Kunst; die Alten, sagt er, nahmen den Stoff zu ihrer Mahlerei von wahren und ernsten Gegenständen. —

— Die Neuern pflanzen ein dünnes Rohr anstatt der Säulen hin — sie stellen auf langen Leuchtern stehende Figuren dar — zarte, in sich gewundene Stengel schießen hervor, auf denen phantastische Wesen tanzen, wovon man nicht weiß, wie sie dahin kommen. — Aus den Blumen wachsen Köpfe, die halb Menschen, halb Thieren ähnlich sind, u. s. w.

Alle diese Deklamationen der Kunstverständigen aber halfen nichts, da die Phantasie einmal zu spielen geneigt war.

Unter dem Pabst Leo dem Zehnten wurden zuerst in den Ruinen von dem Pallast und den Bädern des Titus, die mit enkaustischen Mahlereien verzierten Wände wieder aufgefunden; und alles lief nun plötzlich hinzu und bewunderte. Raphael mit seinen Schüler Johann von Udino kam auch dahin, und man giebt ihm Schuld, daß er hier von der alten Mahlerei verschiedenes vernichtet habe, um sich das Verdienst der neuen Erfindung davon zuzueignen.

Dies war nun für die Neuerungs- und Modesucht und für den spielenden Geschmack ein erwünschter Fund. —

Es entstand ein neuer Zweig der Kunst, der durch den Zufall, daß in verschütteten unterirdischen Wohnungen oder Grotten, diese muthwilligen Spiele der Phantasie wieder aufgefunden würden, seine Benennung des Grotesken erhielt, welche Benennung nachher zu einem allgemeinen Kunstworte wurde, das auch zu einer besondern Unterscheidung des Komischen überhaupt dienen mußte, welches man nun da, wo es ins Possierliche und Phantastische fällt, das Groteske Komische nennt. —

Die Logen oder auswendigen gewölbten Gänge, welche in dem innern Hofe des vatikanischen Pallastes um den obern Stock laufen, waren von Bramante unvollendet geblieben, und Raphael verzierte nun die vierzehn Pfeiler, welche die dreizehn Gewölbe in diesen Logen unterstützen.

Thiere — Maſken — Laubwerk — Kameen Vaſen — Trophäen — Sirenen — Termen und Terminetten — Satyren — kleine Schilde — Geſimswerk — Pavillons — Waffen — Inſekten — u. ſ. w. befinden ſich in dieſen Zuſammenſetzungen in der wunderbarſten Miſchung —

Demohngeachtet reihet ſich auch hier noch alles zu einer gewiſſen Einheit. — Es iſt gleichſam die Stufenleiter der Weſen, die man hier hinaufſteigt — ein ſchönes Labyrinth, worin das Auge ſich verliert —

Nur muß man ſich wohl hüten, dieſe Zuſammenfügung, wie eine Art von Hieroglyphen zu betrachten, wo man alles deuten will — in einigen dieſer Zuſammenſetzungen entdeckt ſich wohl eine Art von Plan — Vieles aber iſt auch blos ein Werk der Laune, wo ſchlechterdings keine Ausbeutung weiter möglich iſt, ſondern die muthwilligen Spiele der Phantaſie ſich blos um ſich ſelber drehen —

Es iſt das Weſen der Zierde ſelbſt, die ſich an kein Geſetz bindet, weil ſie keinen Zweck hat, als den, zu vergnügen —

Ueber
Kuppeln, Thürme, Obelisken
und
Denkſäulen.

Selbſt die Kuppeln ſind ſchon eine Spielart des Geſchmacks, weil man im Grunde, bloß zur Pracht und ohne einen vernünftigen Zweck, ein Gebäude aufs andre ſetzt. — Die ernſte Baukunſt der Alten vermied dieſen üppigen Auswuchs — ſie fühlten, daß die Majeſtät eines Gebäudes auf ſeiner Zweckmäßigkeit und Einheit beruhet.

Demohngeachtet aber haben dieſe modernen Kuppeln noch ein weit ernſteres und edleres Anſehen, als die Thürme; weil ihr Umfang zu ihrer Höhe doch weniger unverhältnißmäßig iſt, und der Begriff eines Gebäudes ſich eher damit verträgt.

Ein Thurm, besonders, wenn er isolirt steht, scheint ein Gebäude aus einer andern Welt, und für eine andre Gattung von Wesen zu seyn, als die auf der Erde wohnen. —

Wenn ich hingegen die trajanische oder antoninische Säule anblicke, so verschwindet der Begriff von einem Gebäude ganz, obgleich diese Säulen von solchem Umfange sind, daß Treppen darin hinauf gehen.

Die Basreliefs, welche sich in Spirallinien an diesen Säulen hinaufwinden, um die Thaten der Kaiser zu verewigen, denen sie zum Andenken errichtet sind, enthüllen sogleich dem Auge ihren Zweck, und machen, daß wir sie gleichsam wie eine erhabene Schrift betrachten, worin die Nachwelt lesen soll. —

Der Obelisk hat zu eben diesem Endzweck freilich ein ernsteres Ansehen, weil er, wegen seiner Zuspitzung, den Begriff des Tragens nicht erweckt, da hingegen eine Säule, die nichts trägt, schon mehr eine Spielart des Geschmacks ist.

Man kann die Vorstellung von Unzweckmäßigkeit nicht vermeiden, wenn man auf den thurmhohen über alle Häuser emporragenden trajanischen und antoninischen Säulen die Statüen erblickt, welche sie tragen. Als Fußgestell zu diesen Statüen betrachtet, ist das Verhältniß ungeheuer, und doch tragen diese Säulen weiter nichts.

Anstatt der goldnen Kugeln, worin die Asche des Antonin und Trajan aufbewahrt wurde, stehen jetzt die Statüen der Apostel Petrus und Paulus auf diesen Säulen, und machen einen sonderbaren Kontrast mit den Basreliefs, welche die kriegerischen Thaten jener Beherrscher der Welt verkündigen, und sich nun bis zu den Füßen dieser Apostel den Pfeiler hinauf winden.

Um diese Säulen mit Wohlgefallen zu betrachten, muß man über ihrem schönen Inhalt gewissermaßen ihre Form vergessen; das Auge muß bis zum Gipfel diese Schlangenlinien hinaufwandern und und gleichsam Zeile für Zeile wie in einem Buche lesen.

Die ägyptische Pyramide ist ein majestätisches Gebäude, weil ihr Umfang zu ihrer Höhe nicht unverhältnißmäßig ist, und weil sie selber durch ihre Zuspitzung nach oben zu, als ein erhabenes Todtendenkmal, bezeichnend und bedeutend wird.

Wir stellen nun die Pyramide — den Obelisk — die kolossale Säule — die Kuppel — den Thurm — und das Thürmchen — nebeneinander, um den stufenweisen Uebergang von dem Ernsthaften und Großen zu dem Spielenden und Tändelnden zu bemerken.

Das chinesische Thürmchen weicht von der ernsten Baukunst der Alten am meisten ab, und dient gleichsam, um den höchsten Grad des Kindischen und Spielenden zu bezeichnen.

Die Minarets oder schmalen Thürmchen auf den türkischen Moscheen, sind im Grunde bloße Gerüste für die Priester, um das Volk zum Gottesdienste zusammen zu berufen, da man sich keiner Glocken bedienen darf; sie sind daher auch nicht von größerem Umfange, als zu diesem Endzwecke nöthig ist, und machen schon deswegen keinen widrigen Anblick.

Unter

„Unter den Glockenthürmen sind die alten spitzigen oder stumpfen Thürme immer noch erträglicher, als die modernen, wo man das Unverhältnißmäßige des Umfanges zu der Höhe durch allmälig kleiner werdende Absätze zu verdecken sucht.

Allein dies hat gerade das Ansehen, als ob eine Anzahl kleiner und schmaler Stockwerke von verschiedenen Gebäuden, statt nebeneinander zu stehen, auf einander gestellt wären.

Am häßlichsten nimmt sich bei diesen modernen Thürmen die kleine Wölbung auf der Spitze aus, welche die Stelle der Kuppel vertreten soll, und wie eine Zwergenkappe auf der Scheitel eines Riesen sitzt.

Raphaels Stanzen.

Man kann wohl sagen, daß die berühmten Raphaelschen Stanzen im vatikanischen Pallaste unter allen Zimmern in der Welt am prächtigsten und am schlechtesten dekorirt sind.

Als Verzierung betrachtet, ist die Mahlerei in diesen Zimmern höchst tadelnswerth — denn das Auge findet nirgends Ruhe — wohin man blickt, ist alles bemahlt, und die Einfassung der größern Gemählde selbst besteht wieder aus kleinern Gemählden, wodurch das Ganze ein überladenes Ansehen erhält.

Man sieht, daß Raphaels Geist mit dem erhabenen Despotismus der Kunst hier herrschte, dem alles übrige weichen und sich unterordnen mußte. — Der größte Mahler war ein sehr unfähiger Dekorateur. —

Auch sind diese Zimmer zu kostbar, um bewohnt zu werden, so wie die Mahlerei zu vortrefflich, um als Zierde zu dienen. Die Zimmer selbst sind nichts weiter, als ein Rahmen zu dieser bewundernswürdigen Darstellung — man denkt fast nicht mehr daran, daß um der Zimmer willen die Gemählde da sind. —

Demohngeachtet aber sind die Gegenstände wohl ausgesucht, um den Wohnplatz eines Oberhauptes der christlichen Kirche zu bezeichnen. —

Der erste christliche Kaiser, Konstantin, mit dem Zunahmen, der Große, hält eine Anrede an sein Heer — in der Luft vor Engeln emporgetragen erscheint ihm das triumphirende Kreuz, mit den Worten: in hoc signo vinces!

Das Christenthum überwindet auch im Schlachtgetümmel — Maxentius wird vom Konstantin besiegt. —

Der Pabst Silvester tauft den Kaiser —

Der Kaiser schenkt dem Pabste des heiligen Petrus Erbtheil. —

Strafende von Gott gesandte Engel peitschen den Heliodor aus dem Tempel zu Jerusalem, den er berauben will. — Eine Anspielung auf die priesterliche Macht — der Pabst hat die Feinde aus dem Kirchenstaate vertrieben.

In der Messe zu Bolsena ereignet sich ein Wunder. — Dem einsegnenden Priester beim Abendmahl steigen Zweifel auf, und plötzlich wird er gewahr, daß bei der Konsekrirung der Hostie das Kelchtuch blutig wird, — in den Mienen der Zuschauer liest man den Ausdruck von Verwunderung und Erstaunen. —

Die Apostel Petrus und Paulus erscheinen dem Attila in der Luft, um gegen ihn zu fechten. — Der Pabst Leo der Zehnte ist in diesem Gemählde auf einem Maulesel reitend abgebildet, und Raphaels Lehrer, Perugino, reitend auf einem weißen Pferde vor ihm her. —

Ein Doppelgemählde, wo auf der einen Seite der Apostel Petrus im Gefängniß abgebildet ist, unter den schlafenden Wächtern ruhend, wie ihn der Engel weckt, und auf der andern Seite, wie der Engel ihn hinausführt. —

In allen diesen Gemählden also die streitende und triumphirende Kirche. — Nun sind in einem Zimmer die Philosophie, die Jurisprudenz, die Theologie und die schönen Wissenschaften dargestellt.

Die Schule von Athen, welche die grichische Philosophie in ihren erhabenen Lehrern vor's Auge bringt. —

Der Streit über das Sacrament, welcher die Theologie in ihren unbegreiflichen Geheimnissen darstellt. —

Die Jurisprudenz ist sehr bildlich dargestellt: Klugheit, Mäßigung und Stärke begleiten die Gerechtigkeit — Justinian überreicht dem Trebonius die Pandekten — Gregorius der Neunte übergiebt einem Advokaten die Dekretalien.

Von den Fakultäten ist die Arzneikunst ausgelassen — die schönen Wissenschaften aber sind in der Abbildung des Parnasses, so wie die

Philosophie in der Schule von Athen, mit inniger Verehrung für das griechische Alterthum von dem Künstler dargestellt.

Das letzte Zimmer scheint ganz dazu bestimmt, um die päbstliche Macht und Hoheit in ihr glänzendstes Licht zu stellen —

Leo der Vierte siegt über die Saracenen bei Ostia. —

Er krönet Karl den Großen —

Er löscht mit seinem Segenspruch eine Feuersbrunst in der Nähe des Vatikans. —

Er schwört, von Bischöfen umgeben, auf das Evangelium, um seine Unschuld zu betheuren.

Die Vase.

Das eigentlich Faſſende ſelbſt, die Vaſe, dienet ſchon an ſich zur Zierrath, weil ſie den Begriff des Iſolirens oder des in ſich faſſens durch ſich ſelbſt bezeichnet.

Die Form der Vaſe ergiebt ſich von ſelbſt aus der natürlichen Idee des Faſſens.

Was faſſen will, eröfnet, erweitert ſich allmälig — denn wenn es gleich unten ſo weit, wie oben wäre, ſo würde es ſich mehr leidend als thätig zu verhalten ſcheinen, und den lebendigen Begriff des Faſſens nicht bezeichnen.

Dieſer Begriff des Faſſens mahlt ſich am deutlichſten an dem Kelche der Blumen, der ſich nach oben zu über ſich ſelbſt zurückbiegt, um noch mit dem äußerſten Rande die fallenden Thautropfen aufzufassen, und nichts vorbeizulassen, was sich von oben seiner Umgebung nähert.

Es war daher auch bei den Alten die natürlichste und am nächsten liegende Idee, die Vasen gleich von unten auf dem Kelche der Blumen ähnlich zu bilden.

So wie nun das Fassende sich von unten allmälig erweitert und auseinander tritt, so ist es auch natürlich, daß es sich nach oben zu wieder etwas zusammenziehe, um das Gefaßte aufzubewahren, und von oben her zu schützen.

Trägt nun die Vase den Charakter des Aufbewahrens, so muß sie sich später und enger unter ihrem Rande, oder ihrer Vollendung, zusammenziehen.

Trägt sie die Spur des Schöpfens, so muß sie sich kaum merklich unter ihrem Rande in sich selber schmiegen.

Ist sie blos darreichend, so muß ihre Erweiterung nach dem Rande zu durch gar keine Einziehung unterbrochen werden.

Ueber die Allegorie.

In so fern eine Figur sprechend ist, in so fern sie bedeutend ist, nur in so fern ist sie schön. —

Dies Sprechende und Bedeutende muß aber ja in dem rechten Sinne genommen werden: die Figur, in so fern sie schön ist, soll nichts bedeuten, und von nichts sprechen, was außer ist, sondern sie soll nur von sich selber, von ihrem innern Wesen durch ihre äußere Oberfläche gleichsam sprechen, soll durch sich selbst bedeutend werden.

Daher wird durch bloß allegorische Figuren, die Aufmerksamkeit, in Rücksicht auf die schöne Kunst, zerstreuet, und von der Hauptsache abgezogen.

Sobald eine schöne Figur noch etwas außer sich selbst anzeigen und bedeuten soll, so nähert sie sich dadurch dem bloßen Symbol, bei dem es, so wie bei den Buchstaben, womit wir schreiben, auf eigentliche Schönheit nicht vorzüglich ankömmt. —

Das Kunstwerk hat alsdann nicht mehr seinen Zweck blos in sich selbst, sondern schon mehr nach außen zu.

Das wahre Schöne besteht aber darin, daß eine Sache blos sich selbst bedeute, sich selbst bezeichne, sich selbst umfasse, ein in sich vollendetes Ganze sey. Ein Obelisk bedeutet — die Hieroglyphen daran bedeuten, etwas nach außen zu, das sie nicht selber sind, und erhalten blos durch diese Bedeutung ihren Werth — weil sie sonst an sich selber ein müßiges Spielwerk wären. —

Soll nun ein schönes Kunstwerk bloß deswegen da seyn, damit es etwas außer sich andeute, so wird es ja dadurch selbst gleichsam zur Nebensache — und bei dem Schönen kömmt es doch immer darauf an, daß es selbst die Hauptsache sey. —

Die Allegorie muß also, wenn sie statt findet, immer nur untergeordnet und mehr zufällig seyn; sie macht niemals das Wesentliche oder den eigentlichen Werth eines schönen Kunstwerks aus. —

Wenn der borghesische Fechter z. B. auch außer sich selbst noch etwas bedeuten sollte, so würden wir doch bei der Betrachtung seiner innern Schönheiten, auf diese äußere Bedeutung wenig Rücksicht nehmen, weil er gar nichts weiter außer sich selbst zu bedeuten braucht, um unsre ganze Aufmerksamkeit auf sich zu ziehen.

Wo die Allegorie statt findet, muß sie immer untergeordnet, sie muß nie Hauptsache seyn — sie ist nur Zierrath — und blos allegorische Kunstwerke sollten eigentlich gar nicht statt finden, oder doch nie vorzüglich um der Allegorie willen für wahre Kunstwerke gelten.

Die Allegorie kann bei großen Gemählden als eine Art von erklärender, höherer Sprache angebracht werden, wie bei der Vermählung der Psyche von Raphael; wo unter den Hauptgemählden rings an den Wänden, besondere kleinere Felder angebracht sind, in welchen Amoretten mit den Attributen der höhern Gottheiten spielen, die bei der Hochzeit der Psyche zugegen sind.

Die allegorischen Vorstellungen sollen das Ganze nur umgaukeln; nur gleichsam an seinem äußersten Rande spielen — nie aber das innere Heiligthum der Kunst entweihen — sobald sie auf die Weise untergeordnet bleiben, und in ihre bescheidene Grenzen treten, sind sie schön —

Ueberschreiten sie aber diese Grenzen, wie z. B. die Figur, welche die Gerechtigkeit mit verbundenen Augen, dem Schwerdte in der einen und der Wage in der andern Hand darstellt, so ist nichts dem wahren Begriff des Schönen mehr widersprechend, als dergleichen Allegorien.

In der allegorischen Darstellung der Gerechtigkeit wiederspricht ein Symbol dem andern, sobald die Figur an und für sich selbst kunstmäßig betrachtet wird. —

Der Gebrauch des Schwerdtes erfordert ja eine ganz andere Stellung, als der Gebrauch der Wage, die Wage eine ganz andere Stellung, als das

Schwerdt, und der Gebrauch von beiden erfordert offne Augen. —

Nichts ist widriger, als diese Figur; bei ihr erscheint nichts in Bewegung, nichts in Thätigkeit; sie hält blos maschinenmäßig das Schwerdt und die Wage, und die verbundenen Augen machen sie noch unthätiger. — Die ganze Figur ist überladen und sieht von sich selbst erdrückt, wie eine todte Masse da.

Die Bachantin schwingt den Thyrsusstab. — Herkules lehnt sich auf seine Keule — Diana spannt den Bogen. — Die Gerechtigkeit aber hält Schwerdt und Wage, mit verbundenen Augen, in den Händen.

Sobald die Allegorie auf die Weise jedem Begriffe von Schönheit in den bildenden Künsten widerspricht, verdienet sie gar keinen Platz in der Reihe des Schönen, und hat, ohngeachtet alles Aufwandes von Fleiß und Mühe, weiter keinen Werth, als der Buchstabe, mit dem ich schreibe.

Die Fortuna von Guido mit fliegenden Haaren, und den Spitzen der Zehen die rollende Kugel berührend, ist eine schöne Figur, nicht deswegen, weil das Glück dadurch treffend bezeichnet wird, sondern weil das Ganze dieser Figur Uebereinstimmung in sich selber hat. —

Die rollende Kugel berühret nur immer in einem Punkte, mit ihrer Spitze den Boden, so wie die Fortuna mit der Spitze der Zehen wieder die rollende Kugel berührt, und durch das fliegende Haar den eilenden Lauf bezeichnet. —

Kein Symbol ist hier dem andern widersprechend. — Leben, Leichtigkeit, Bewegung, Wechsel, sind hier so harmonisch bezeichnet, daß die Bezeichnung selbst zur Hauptsache wird, und die Idee sich unterordnet. — Denn wenn man die Fortuna von Guido erblickt, macht man keine Betrachtungen über den Wechsel des Glücks, sondern ergötzt sich an dem Umriß und der Fülle dieser leicht und zart entworfenen Luftgestalt. —

Eben so wenig wird man die Aurora von Guido betrachten, um dadurch den Gedanken an die eigentliche Morgenröthe in sich zu erwecken. — sondern der Gedanke an die Morgenröthe wird nur hinzugebracht, um das Gemählde selbst zu erklären, welches hier das Herrschende ist, und für sich allein die Aufmerksamkeit fesselt. —

Durch die Macht des Pinsels ist die Idee untergeordnet — sie dient dem Kunstwerke, das Kunstwerk dienet nicht ihr. —

Die Morgenröthe wurde von dem bildenden Künstler zum Gegenstande gewählt, weil eine Zusammensetzung schöner Figuren durch diese Idee veranlaßt wurde; und diese Figuren wurden nicht deswegen zusammengesetzt, damit der Gedanke an die eigentliche Morgenröthe dadurch erweckt werden sollte, welche das Auge selbst in der Natur weit schöner sieht, als irgend ein Pinsel sie darstellen kann. —

Die Wiedererinnerung an den eigentlichen Schimmer der Morgenröthe, liegt bei dem Anblick dieses Gemähldes nur gleichsam im Hintergrunde der Einbildungskraft, und hält sich bescheiden in ihren Grenzen, um den Eindruck dieses schönen Ganzen nicht zu stören. —

Raphaels Villa.

Nichts Reizenderes kann man sich denken, als die Verzierung von Raphaels Schlafgemach, das er sich selbst ausmahlte.

An der einen Wand ist die Hochzeit des Alexander mit der Roxane abgebildet; an der andern sieht man eine Gruppe von Liebesgöttern, die sich eine Trophäe zum Ziele genommen haben, worauf sie alle zugleich ihre Pfeile abdrücken, und in deren Stellungen eine so reizende Mannichfaltigkeit und Abwechselung herrscht, die das Auge ergötzt, man mag das Gemählde betrachten, so lange man will.

Auch das Deckengemählde hat Bezug auf den Triumph der Liebe. Man tritt in dies kleine Schlafgemach wie in ein Heiligthum, und in das Landhaus des Künstlers, wie in einen Tempel; nur Schade, daß der jetzige Besitzer diesen einfachen ländlichen Sitz in einen englischen Garten mit allerlei Spielwerk von winzigen Hügeln, Brücken, Bockets u. s. w. verwandelt, und ewig Schade, wenn auch die Behausung des Künstlers selbst ein Raub dieser geschmacklosen Zierde und Verschönerungssucht werden sollte, da man jetzt noch Wallfahrten zu diesem stillen Wohnplatze des Künstlers anstellt, wo er, im sanften Genuß seiner Tage eingewiegt, vielleicht seine frohsten Stunden verlebte.

Beschreibung

eines Saals in dem Hause des königlichen Staatsministers, Freiherrn v. Heiniz zu Berlin.

Die Basreliefs sind von dem Rektor und Hofmahler Herrn Frisch, die Dekoration und Anordnung des Ganzen von dem Architektmahler Herrn Bürnat.)

Der Saal besteht aus einem länglichten Viereck. An jedem Ende der beiden langen Seiten ist eine Thür, so daß die vier Eingänge des Saals einander sommetrisch gegenüber sind.

Sechs gemahlte jonische Säulen an jeder der beiden langen Seiten, scheinen von einer Thür zur andern einen Gang zu bilden. — Die Säulen springen vor, und hinter ihnen tritt die Wand in dunklern Wiederschein zurück, so daß durch diese

Täuschung der ganze Saal sich für das Auge erweitert. —

Der Fries an dem Gebälke ist mit Greifen, so wie der Fries am Tempel der Faustina in Rom, verziert. — Die Krümmung am Gesimse ist wie eine glatte Fläche zu dem Friese benutzt, damit durch diese Täuschung die niedrige Wand sich für das Auge erhöhe. —

Daß die Decke für das Ganze nicht zu drükkend scheine, und sich durch nichts zu sehr dem Auge nähern könne, ist jede überladene Zierrath mit Sorgfalt an ihr vermieden.

Ein ganz einfaches Oval bezeichnet in der Länge den Umfang, in welchem zwölf Kronenleuchter den Saal erhellen, wo die Massen von Licht und Schatten auf die Weise geordnet sind, daß die Beleuchtung von oben nach unten fallen muß.

Dies Oval an der Decke ist rund umher mit einfachen viereckigten Feldern umgeben, die einen leeren Raum einschließen, weil sie ohne allen fremden Zusatz nur den Begriff der Ausbreitung und Bedeckung von oben bezeichnen sollen.

Ueber den vier Thüren sind große Basreliefs auf flachem Grunde dargestellt, und an den beiden Seiten jeder Thür eine antike Bildsäule in Bronze freistehend nachgeahmt.

In den anscheinenden Vertiefungen zwischen den Säulen sind Basreliefs im Hintergrunde mit dunklern Farben dargestellt. — An der einen langen Seite erhebt sich in der Mitte ein Kamin von weißem Marmor mit einfacher Einfassung und Gesimse.

An dem obern und untern Ende des Saals sind zwischen den Fenstern und Spiegeln, einzelne, Antiken nachgebildete Figuren, eine bescheidne Zierde.

Der Grund des Saals in der Nachahmung durch Farben ist Granit. — Die Säulen sind von Giallo Antiko. — Die Säulenfüße und Kapitäle von Stuck. — Hiervon ist auch Gebälk und Decke nur von einem mildernden Roth umzogen. — Die Gestelle zu den bronzenen Bildsäulen sind in der Nachahmung von Porphyr. — Die Thüren selbst von Bronze.

Den Haupteingang in den Saal verziert, als Basrelief, ein Fest der Flora. — Ueber der zweiten Thüre ist ein Opfer der Göttin Ceres, über der dritten der Gott Silen von Faunen und Bachanten umgeben, und über der vierten die Vermählung des Herkules mit der Göttin der Jugend dargestellt.

Diese mythologischen Bilder enthalten nicht hart und buchstäblich auszudeutende sondern leise Anspielungen auf den Frühling, den Sommer und den Herbst des Lebens und auf den Lohn der thatenvollen Tugend.

Im Hintergrunde zwischen den Säulen sind auf der einen Seite, in einer Reihe von Basreliefs, des Theseus Heldenthaten, und auf der andern die Wettkämpfe in den vom Herkules gestifteten Spielen dargestellt.

Das Fest der Flora.
(Ueber dem Haupteingange.)

Auf einem Ruhebette liegt die Blumengöttin. — Zephir bringt ihr schwebend einen Kranz von

Rosen — zu ihrem Haupte greift Amor in die Harfe — zu ihren Füßen schlummert ein Genius auf Blumen — und spielende Amoretten umgeben die Lagerstatt. — Die Grazien knüpfen Amors Waffen an einem Morthenbaum. — Und auf der andern Seite sieht ein liebendes Paar, das schon des Lebens Herbst erreicht hat, mit innigem Wohlgefallen den jugendlichen Spielen des Frühlingsalters zu. — Sie halten beide eine Blumenkette und bezeichnen durch dies schöne Sinnbild jene frohen Tage, wo sie zuerst ein solches Band verknüpfte.

Unter diesem Basrelief sind zwei antike Bildsäulen in Bronze freistehend nachgeahmt. Auf der einen Seite der Thüre, der mächtige Amor, der im Gefühl seiner Allgewalt, muthwillig der Götter spottet — auf der andern Seite, Psyche, die wider das Verbot der Venus die Büchse eröffnet hat, in welcher sie die Reize der Schönheit verborgen glaubte, und aus der nun plötzlich ein tödtender Dampf ihr entgegen steigt. —

Apollo und Hyacinth.

Mitleidsvoll streckt Apollo seine Arme gegen den hingesunknen Liebling aus, den er mit einem unglücklichen Scheibenwurf beim Spiele tödtlich verwundet hat. Der sterbende Jüngling hält im Sinken noch die zerschellte Stirn. — Aus seiner Asche ließ der Gott der Schönheit und der Jugend die Blume hervor sprossen, welche den Nahmen des schlummernden Lieblings führt.

Theseus.

Der heldenmüthige Theseus ist in Kreta angelangt. — Man sieht sein Schiff am Ufer stehen — ihm überreicht des Minos Tochter Ariadne den Knäuel, der den Faden enthielt, an welchem er aus dem Labyrinthe glücklich den Ausweg fand.

Der Sieg des Theseus über den Minotaurus.

Der Minotaurus liegt erschlagen; der junge Held, mit der Keule bewaffnet, tritt auf seinem

Nacken; athenienſiſche Knaben und Mädchen, die zum Schlachtopfer ſchon beſtimmt waren, blicken mit freudiger Neugier und Erſtaunen auf das erſchlagene Ungeheuer.

Die Horen.

Drei tanzende Horen, Hand in Hand geſchlungen, bezeichnen, im Basrellef über dem Kamin, den eilenden Flug der Zeit. —

Theſeus und Pirithous.

Durch den treuſten Freundſchaftsbund waren Theſeus und Pirithous verknüpft. Bei der Vermählung des Pirithous mit der Hippodamia waren die Centauren zum Hochzeitmahl geladen. — Von Wein und Liebe berauſcht, verletzten dieſe das heilige Gaſtrecht und wollten die Braut entführen. Der heldenmüthige Theſeus widerſetzte ſich dem frevelhaften Raube, und wandte von ſeinem Freunde die drohende Gefahr ab. — Er iſt hier kämpfend abgebildet, wie er den einen Centaur zu Boden geschlagen hat, und einem andern droht, welcher im Begriff ist, die Hippodamia zu entführen; die Miene der andern, welche noch beim Gastmahl zu Tische sitzen, drückt Betäubung und Erstaunen über den unvermutheten Frevel aus.

Theseus und Ariadne.

Ariadne, vom Theseus verlassen, trauert am einsamen Felsen auf der Insel Naxos. — Man sieht das Schiff des Theseus mit aufgeschwellten Segeln. — Bacchus tröstet die Verlaßne, und verwandelt ihren Hauptschmuck, den er gen Himmel wirft, in eine Sternenkrone.

Der Raub der Proserpina.

Der unerbittliche Pluto entführt die jungfräuliche Proserpina, die noch die eben gepflückten Blumen festhält, in die Unterwelt — unaufhaltsam rollt sein Wagen zum schwarzen Styx hinunter — und Jugend und Schönheit werden ein Raub des Todes. —

Das Opfer der Ceres.
(Ueber dem zweiten Eingange.)

Ceres, die Mutter der Proserpina, steigt auf ihren mit Drachen bespannten Wagen. — Sie hat am Aetna die Fackel angezündet, womit sie die Nacht erleuchtet, um in den verborgensten Winkeln der Erde ihre verlohrne Tochter zu suchen. — Während die jammervolle Mutter trauert, spürt die Erde ihren wohlthätigen Einfluß, und freut sich ihres Segens. — Sie hat den Triptolem den Ackerbau gelehrt — die Rinder ziehen den Pflug, — der Landmann öffnet seine Furchen, und der edle Saamen wird ausgestreut. — Auf der andern Seite beginnt das Fest der Erndte, und am Altar der Ceres werden volle Garben von Schnittern und Schnitterinnen zum Opfer dargebracht. — In der Mitte prangt ein Baum mit Früchten, der von der segnenden Fülle der alles ernährenden Erde ein schönes Sinnbild ist.

So wie Amor und Psyche den Frühling des Lebens bezeichneten, deuten Minerva und Mertur, als Bildsäulen unter diesem Basrelief, die ernstern Beschäftigungen des männlichen Alters an. —

Auf der einen Seite der Fenster an diesem Ende des Saals ist ein Terme nach einer antiken Lampe; auf der andern ein Priester des Bachus aus den herkulanischen Gemählden; und in der Mitte zwischen den Fenstern eine Najade, ein Seeroß umfassend, abgebildet.

Silen.
(Ueber dem dritten Eingange.)

Der alte Silen, vom Weine berauscht und taumelnd, wird vom Pan, der den Thyrsus hält, und einer zarten Nymphe, auf die er sich stützt, empor gehalten — zwei Genien keltern den Wein im Fasse — zu ihrer frohen Arbeit spielt ein Faun die Doppelflöte. — Eine Tischgesellschaft kränzt und lagert sich zum Mahle, wo drei aufgestellte Larven ein Sinnbild der scherzenden komischen Laune sind. — Junge Satyrn und Bachantinnen auf der andern Seite führen den Esel des Silen und spornen ihn mit dem Thyrsusstabe zu schnellern Schritten an. — Die eine der Bachantinnen hält in jeder Hand ein zierliches Trinkgefäß, während daß ein schwer beladner Träger mit einem großen Weingefäße den Zug beschließt, worin ein junger Satyr mit einem Bock sich stößt, und scherzender Muthwille in allen Mienen herrscht.

Als Bildsäulen unter dem Basrelief, ist auf der einen Seite Bachus mit dem Thyrsusstabe in der Rechten, die Linke auf dem Haupte ruhend, dargestellt; und auf der andern die Göttin der Gesundheit, welche die zahme Schlange aus der wohlthätigen Schaale tränkt — beides Gottheiten, die vorzüglich des Lebens Herbst versüßen.

Bachus auf seinem mit Tygern bespannten Wagen.

Bachus mit dem Thyrsusstabe in der Rechten, die Linke auf das Knie gestützt, sitzt auf seinem mit Tygern bespannten Wagen, welchen Amor als Fuhrmann lenkt; denn nur der Gott der Liebe und der Gott des Weins können die Wuth der Tyger zähmen, die sich willig unter das Joch der alleserfreuenden Gottheit schmiegen.

Der fröliche Genuß geht nun ins thatenvolle Leben über. — —

Die Wettkämpfe in den olympischen Spielen.

Der Wettstreit in der Beredsamkeit.

Ein junger Redner, auf einer kleinen Erhöhung stehend, mit dem aufgerollten Papier in seiner Linken, begleitet den Ausdruck seiner Rede mit einer anständigen Bewegung seiner rechten Hand. — Die horchende Menge, Jünglinge, Knaben, und Greise, sind um ihn her versammelt, einige stehend, andre als Richter, sitzend, um über die Austheilung des Preises in dem Wettstreite zu entscheiden.

Auf den Redner horchend sind alle dargestellt, aber in Miene und Stellung eines jeden herrscht ein verschiedner Ausdruck.

Der Wettkampf im Ringen.

Hinter den Schranken stehen die Zuschauer; zwei kleine Pyramiden, als das Ziel, um welches man beim Wettlauf den Wagen lenkte, bezeichnet den Kampfplatz, wo die Spiele gefeiert werden. Zwei Paare sind aufgetreten, die nach den Regeln der Kunst mitelnander ringen. Einer hat den andern schon zu Boden geworfen; bei dem zweiten Paare ist der Sieg noch unentschieden.

Der Wettkampf im Wagenrennen.

Auf demselben Kampfplatze wechselt nun die Scene; zwei Wettrenner mit ihren Wagen, die nach dem Ziele streben, peitschen die Rosse an — ein abgesprungenes Rad am Wagen raubt dem vordersten seinen Sieg.

Der Wettkampf im Scheibenwerfen.

Derselbe Schauplatz bleibt, und an die Stelle des Wettrennens tritt der Wurf mit der Diskusscheibe — in verschiedenen Stellungen stehen die beiden Scheibenwerfer, der eine mit dem Ausdruck von Heftigkeit und Anstrengung aller Muskeln, der andre mit Sicherheit und ruhiger Ueberlegung, um durch die Luft den entscheidenden Wurf zu lenken. —

Auf die Arbeit folgt nun der Lohn! —

Die Austheilung der Preise.

Die Richter sitzen auf Stühlen am Ende des Kampfplatzes, neben dem Ziele der Laufbahn, und theilen die Preise aus. — Ein Jüngling empfängt mit bescheidner Miene den Kranz von wilden Oelzweigen, welcher der Lohn des Siegers war. Die andern stehen wartend hinter ihm, um, wen die Reihe trift, zu den Richtern hinzuzutreten.

Herkules.

Herkules führt dem Admet, welcher mit freudigem Entzücken seine Arme ausstreckt, aus dem Reiche der Schatten die schon betrauerte Gattin zu. — Der dreiköpfigte Cerberus, gebändigt von dem

Sohne des Donnergottes, schmiegt sich zu seinen Füßen.

Die Vermählung des Herkules mit der Göttin der Jugend.

(Ueber dem vierten Eingange.)

Herkules mit der Linken auf seine Keule gestützt, reicht Heben seine rechte Hand zum Bunde. Die versöhnte Juno, neben dem Donnergotte sitzend, segnet gnadenvoll den Bund. Zu dem Ohre Jupiters bücket sich Merkur, ihm eine Botschaft bringend. Auf der andern Seite zunächst dem vermählten Paare sitzt Venus, die den Eros umschlungen hält, während daß Anteros zu ihren Füßen spielt. — Pluto reicht der Proserpina noch einmal den Apfel dar, durch dessen Genuß sie auf ewig die Seinige ward. Den Schluß der Götterversammlung machen die Grazien. — Neben dem Jupiter und der Juno sind Minerva und Vulkan in ihrem Gespräch vertieft, und werden vom Apolls durch einen bedeutenden Fingerzeig zu den Grazien

zien hingewiesen, denen selber die Weisheit huldigen muß.

Ganymedes tränkt den Adler Jupiters, welcher den Blitz in seinen Klauen trägt. —

Unter dem Basrelief an beiden Seiten der Thüre sind die Bildsäulen des Apollo und der Diana wiederum freistehend nachgeahmt, und beschließen das Ganze, auf die ewig wiederkehrende Verjüngung im All der Schöpfung deutend. —

Eine Priesterin der Vesta, die am Altare den Opferkrug ausgießt. —

Ein Genius, der im vollen Lauf den Pegasus lenkt. —

Ein Terme — zieren den Raum zwischen den Fenstern am obern Ende des Saals. —

———

Nachahmungstrieb und Neuerungssucht.

Der Nachahmungstrieb hüllt allmälig, was ineinander war, auseinander, um es zu entwickeln. —

Die Neuerungssucht reißt das, was durch Natur und Kunst schon entwickelt außereinander war, voneinander, und trägt es wieder zusammen. —

Ihre Bildungen werden sonderbar, das heißt, einzig in ihrer Art, ohne schön zu seyn — abentheuerlich, das heißt, wie durch den wunderbarsten Zufall in eins zusammengeworfen — ungeheuer, das heißt, so einzig durch Disharmonie, wie das Schöne durch Harmonie. —

Widerlegung

des falschen Ausspruchs:

de gustibus non est disputandum.

Gewiß liegen die Grundsätze des Geschmacks eben sowohl im Verstande, als im Gefühl. — Man glaubt zu fühlen, daß etwas schön ist; man fühlt es durch den Gedanken. — Darum läßt sich wohl über den Geschmack reden. —

Die Schweifungen und Krümmungen an einem Gebäude sind deswegen nicht schön, weil sie mit dem Begriffe des Gebäudes nicht übereinstimmend sind, wo das auf den Säulen ruhende Gebälk in grader Richtung liegt.

Es ist nicht sowohl das Auge, welches durch die krumme Linien in der Baukunst beleidiget wird, als vielmehr der Verstand. — Die Wellenlinie ist nicht an sich schön, sondern wegen des Begriffs von Bewegung, wo derselbe damit verknüpft ist.

Ein Weg, der sich hinschlängelt, ein Fluß, der sich hinschlängelt, sind deswegen reizende poetische Bilder, weil die Krümmungen mit dem Begriff der Bewegung harmonisch sind, der bei Weg und Fluß der herrschende ist.

Eben deswegen sind auch die Wellenlinien bei den thierischen Körpern schön, weil hier der Begriff der Bewegung der herrschende ist. — Bei den Pflanzen würden sie schon nicht so schön seyn, denn da herrscht der Begriff des Feststehens.

Bei den Gebäuden ist der Begriff des Feststehens ganz der herrschende — und die Wellenlinie ist mit diesem Begriff ganz disharmonisch.

Bei dem Schiffe hingegen ist die krumme Linie schön, weil sie mit dem Begriffe von Bewegung harmonirt, der bei einem Schiffe der Hauptbegriff ist.

Die widrigste Gestalt eines Kahns würde die von einem Troge seyn — an welchem der Begriff von Beweglichkeit durch nichts bezeichnet würde.

Bei Stühlen, Tischen, wo der Begriff des Feststehens der herrschende ist, ist daher auch die Wellenlinie immer schlecht angebracht. — Wo sie die Alten anbrachten, da verknüpften sie sie mit der Thiergestalt. — Das Tischblatt wurde von einem Greif oder Centaur emporgetragen. — Der Stuhl stützte sich auf Bärenfüße. — — Der verbesserte Geschmack in Mobilien hat sich auch damit angefangen, daß man die krumme Linie mit der geraden vertauscht.

Die Paulskirche in Rom.

Dieser majestätische einsame Tempel liegt vor der Porta S. Paolo, welches die alte Porta trigemina ist, die von den drei Horatiern, welche aus diesem Thore gegen die drei Kuriazier hinauszogen, den Nahmen führt.

Beim ersten Eintritt in die Paulskirche fühlt man sich auf die sonderbarste Weise überrascht, indem man die höchste Pracht mit der höchsten Einfalt verknüpft sieht; denn achtzig antike Marmorsäulen stützen eine platte hölzerne Decke, die sich über das ganze ungeheure Gebäude hin erstreckt, und mit der Majestät der Säulen, worauf sie ruht, auf die sonderbarste Weise absticht.

Die Kirche ist nach der Peters-Kirche in Rom die größte, und ganz nach gothischer Bauart, welches die melancholische Pracht bei ihrem Anblick noch vermehrt.

Denn die ganze Kirche ist öde und leer; keine Gemählde, keine Zierrath schmückt die Wände dieses Tempels; man blickt zwischen den vier Säulenreihen in die weiten Gänge, bis zum Hochaltar hinauf, der sich, wenn man im Eingange steht, in ganz dunkler Perspective zeigt.

An den Seiten sind keine Altäre; der Fußboden ist uneben, wie auf einer Straße; das Licht fällt von oben durch die Scheiben der gothischen Fenster hinein; die ungesunde Luft verscheucht im Sommer die Mönche aus dem Kloster, das zu dieser Kirche gehört; es wird nur selten Gottesdienst darin gehalten, und so wie man keinen Menschen sieht, vernimmt man auch weiter keinen Laut in diesem unermeßlichen Gebäude, als von dem wiederhallenden Fußtritt.

Die achtzig Säulen, welche aus dem Grabmahl Hadrians hieher gebracht sind, scheinen noch jetzt wie öde und verwaist über den entschwundenen Glanz der Vorzeit zu trauern, und mehr ein neues Todtendenkmal zu bilden, als einen Tempel zu schmücken.

Oben an der schmalen Wand, die unter dem Dache auf den Säulen ruht, sieht man die Abbildungen von zweihundert und funfzig Päbsten, welche Zahl nemlich diejenigen in sich begreift, die seit dem fünften Jahrhundert regiert haben. — Dieß ist der einzige traurige Schmuck dieser Kirche, welche dadurch wieder zu einem erhabenen Mausoleum wird, das auf den Stützen eines Grabmahls der glänzenden Vorzeit ruhet.

Einförmigkeit und Mannichfaltigkeit.

Bei großen Gegenständen findet die Seele selbst an der Einförmigkeit Wohlgefallen, — wie an dem Anblick der blauen Himmelswölbung, der unendlichen Meeresfläche und eines Säulenganges, der selbst durch seine Fortdauer, wo sich doch immer wieder dieselbigen Gegenstände dem Auge darbieten, ergötzt, und wo es einen majestätischen Eindruck macht, je weniger man gleichsam das Ende davon absieht —

Denn da eine einzige Säule schon etwas Prachtvolles ist, so macht ihre Anzahl und ihre Folge einen Reichthum der Vorstellung aus, der an sich Vergnügen erweckt: die Einförmigkeit ist also hier gewiß schöner, als die Abwechselung.

Eine einzige Säule ist schon an sich ein Ganzes, das die Seele füllt, welche sich ergötzt, diesen einzigen Begriff immer wieder nicht abwechselnd, sondern vervielfältigt und sich gleichsam in sich selber spiegelnd zu finden.

Von den kleinern Gegenständen erfüllt das Einzelne die Seele nicht ganz, daher ist ihr die Abwechselung nicht zuwieder, sondern angenehm, weil sie immer noch Raum genug für neue Begriffe hat. —

Von dem Großen und Erhabenen will man viel, von dem Kleinen vielerley sehen. Ein Eichenhain, ein Cypressenwald, sind schön in ihrer Einförmigkeit; ein mit den abwechselndsten Farben spielendes Blumenbeet, ist schön in seiner Mannichfaltigkeit. —

Große hohe Bäume nehmen sich besser in geraden Gängen aus; denn es wäre Schade, wenn hier die Pracht des Ueberblicks verlohren ginge, wo die erhabenen Stämme in der perspectivischen Ferne allmählig ihre Wipfel neigen, und schon durch diese täuschende Darstellung allein, ein schönes Gemählde in der Seele hervorbringen.

Niedrige Bäume und Gesträuche passen besser zu krummen Gängen, weil eine Uebersicht des Ganzen hier doch zu kleinlich ist, und kein Interesse für die Seele hat, deren vorstellende Kraft durch große und erhabne Gegenstände gleichsam ausgedehnt und erweitert zu seyn strebt.

Bei großen Gegenständen ist daher die Uebersicht, bei kleinen die spielende Ueberraschung schöner. —

Ein erhabenes Gedicht braucht nicht zu überraschen, oder die Ueberraschung ist doch nur sein kleinstes Verdienst; denn man empfindet seine Schönheiten erst ganz, wenn man es zum öftern lieset, und auf die ganze Folge der Darstellung immer schon vorbereitet ist.

Ein leichter, blos unterhaltender Roman hingegen, den man nur einmal lieset, soll vorzüglich durch überraschende Scenen gefallen.

In einer Oper, die mehr ein Vergnügen für das Auge und Ohr, als für den Geist ist, müssen die Scenen überraschend seyn; in einem ernsten Trauerspiele hingegen, liegt an der Ueberraschung wenig, und es kommt nicht sowohl darauf an, daß sich unerwartete Vorfälle ereignen, als vielmehr darauf, daß eine Begebenheit, sie mag uns nun bekannt oder unbekannt seyn, uns durch die Darstellung immer wichtiger werde, und immer mehr Interesse für uns erhalte.

Unberufene dramatische Dichter suchen daher durch die Häufung unerwarteter Vorfälle, den Mangel an Interesse, das sie ihren Gegenständen nicht geben können, zu ersetzen, und den Zuschauer, den sie nicht zu rühren wissen, wenigstens in ein betäubendes Erstaunen zu versetzen.

So, wie bei allen ernsten Gegenständen, muß auch bei Gebäuden das Ueberraschende und Auffallende niemals gesucht werden, wenn die Baukunst nicht in einen kindischen und spielenden Geschmack ausarten soll.

Ein Gebäude soll durch seine edle Zweckmäßigkeit, und durch das schöne Ebenmaß seiner Theile, je länger man es betrachtet, den Blick immer mehr an sich fesseln, und durch das Auge der nachdenkenden Vernunft Beschäftigung geben.

Ein Gebäude, das durch eine phantastische und abentheuerliche Zusammensetzung die Seele blos in Erstaunen versetzt, wird für einen ächten und geläuterten Geschmack sehr bald sein Interesse verlieren, und wenn die erste Ueberraschung vorbei ist, mit Verachtung und Gleichgültigkeit betrachtet werden.

Ein Deckengemählde
von
Pietro von Kortona.

Das Deckengemählde von Pietro von Kortona in dem Pallast Barberini, ist eines der prachtvollsten, aber auch der abentheuerlichsten, was man sich denken kann; so sonderbar ist das Christliche mit dem Heidnischen in der allegorischen Darstellung untermischt.

Pabst Urban der Achte aus dem Hause Barberini, hat seiner unbegrenzten Eitelkeit hier ein bleibendes Denkmal gestiftet; und dieses Deckengemählde dienet zugleich zum Andenken an die fürchterliche Gewalt, welche sich die Kirche einst angemaßt hat; denn darauf zielen im Grunde alle diese sonderbar gemischten Symbole ab.

Er ist nehmlich die geistliche Gewalt, welche hier den Friedenstempel aufschließt, die Furien verjagt, und den Cyklopen befiehlt, zum Schutz der Kirche Waffen zu schmieden.

In der Mitte des Gewölbes wird das barberinische Wapen in den Himmel unter die Sterne versetzt. Keine geringere Personen, als die Zeit, die Vorsehung, die Parzen, und die Ewigkeit, sind mit dieser wichtigen Handlung beschäftiget.

Minerva schleudert den Donner auf die Titanen. —

Herkules tödtet die Harpyen. — Religion und Glaube ist auf der einen, und die Wollust auf der andern Seite allegorisch abgebildet.

In den Wolken schweben die Gerechtigkeit und der Ueberfluß.

Mitten unter den heiligen Erscheinungen dampft die Werkstätte des Vulkan.

Der Friede verschließt den Tempel des Krieges; Mars liegt an Ketten; Fama verkündigt den

Frieden; und in der Mitte stehen zwei Frauenzimmer. Diese heißen: die Kirche und die Klugheit.

Auf die Weise ist in diesem Deckengemählde die geistliche Gewalt allegorisch dargestellt.

———

Häußliche Einrichtung der Alten
und
Verzierungen in ihren Zimmern.

Die Häuser sind größtentheils an sanften Abhängen gebaut; die Stockwerke sind nicht aufeinander gethürmt, sondern man wohnte unten und oben auf ebener Erde.

Wenn man in die Thüre tritt, kömmt man zuerst auf einen Hof, der im Viereck gebaut, und mit einem Säulengange umgeben ist.

Alles scheint darauf eingerichtet, daß man sich, auch innerhalb seiner Wohnung, des milden Klima freue, und, bedeckt vor dem Regen, bei jeder Witterung, der freien Luft genieße.

(F)

Unter den bedeckten Gängen sind unmittelbar die Eingänge in die Zimmer, welche rund umher liegen, und ihre Erleuchtung mehrentheils durch die Thüre selbst haben, die daher gewöhnlicher Weise eröfnet seyn mußte.

Im Winter erwärmte ein Kohlenbecken die Zimmer, wie es in den italienischen Stuben noch itzt der Brauch ist.

Die Fußböden der Zimmer sind größtentheils von Mosaik. In dem einen Hause liest man beim Eintritt über die Schwelle mit schwarzen Marmorstiften auf dem weißen Grunde, das Wort Salve, eingelegt.

Alles hat gleich ein wirthbares und vertrauliches Ansehen, wenn man in den kleinen Hof, mit dem bedeckten Säulengange tritt, in dessen Mitte gemeiniglich ein Wasserbehälter ist, und an dessen Seite die Eingänge zu den Wohnzimmern mit einem Blick zu übersehen sind.

Die hölzernen Geräthschaften in den Zimmern sind verfault, oder zu Kohlen verbrannt; alles aber, was dem Feuer widerstanden hat, ist hier weggebracht, und in den Museum zu Portici aufgestellt.

Nichts ist einladender und reizender, als die bedeutungsvollen, der Bestimmung der einzelnen Zimmer ganz angemessenen Verzierungen, welche man noch häufig findet.

Ueber dem Brunnen ruht ein Flußgott, und Nymphen zu beiden Seiten gießen Wasser aus ihren Muscheln; in der Küche ist ein Opfer des Aeskulap abgebildet, um dessen Altar sich eine Schlange windet; in dem Putzimmer beschäftigen sich die Grazien mit dem Kopfputz der Liebesgöttin; und in dem Schlafzimmer ruht Venus in den Armen des Adonis.

Die übrige Mahlerei in den Zimmern besteht aus Arabesken, die aber durch ein reizendes Köpfchen in ihrer Mitte, oder durch irgend eine mythologische Darstellung in einem Medaillon, immer einen schönen Vereinigungspunkt haben, wodurch die ausschweifende Phantasie gleichsam wieder zu einem Hauptgegenstande zurück geführt wird.

Die Altäre der Alten.

Die Altäre, die man den Göttern weihte, schmückte man jedesmal, ehe man opferte, mit Zweigen von dem Baume, welcher der Gottheit, der man das Opfer brachte, vorzüglich heilig war. Wodurch man viele reizende Ideen aus der wirklichen Welt auf einmal vor die Einbildungskraft brachte.

So schmückte man den Altar des Apollo mit Lorbeerzweigen, welche den Helden und den Dichter krönen; mit Myrrthen den Altar der Venus, und den Altar der Minerva mit Zweigen von dem Oehlbaum, dessen Pflegung und Wartung sie die Menschen lehrte.

Nicht allein in Tempeln, sondern allenthalben, auch unter freiem Himmel, auf dem Felde fand man den Göttern geweihte Altäre. Freundschaftsbündnisse, Aussöhnungen und Heirathen wurden bei diesen Altären geschlossen und versiegelt, indem man bei den feierlichen Versprechen, das man that, mit der Hand den Altar berührte, und die Gottheit, der er geweiht war, zum Zeugen rief. So mußten obrigkeitliche Personen ihren Eid ablegen, indem sie den Altar der Themis berührten.

Das Wahre wurde auf die Weise mit dem Sinnbildlichen stets verknüpft, und man kann daher sagen, daß die Religion der Alten, im eigentlichen Sinne, eine Religion der Einbildungskraft war.

Von den marmornen Altären selber kann man sich einen sehr deutlichen Begriff machen, weil sich eine große Anzahl davon unter den Resten des Alterthums erhalten hat, und weil man sie auch in den antiken Basreliefs sehr häufig abgebildet findet.

An den marmornen Altären selber findet man auf den Seiten Abbildungen in Basreliefs, die sich auf die Verehrung der Gottheit beziehen, welcher der Altar geweiht ist.

Die einfachsten Verzierungen an den Altären aber, und die man am häufigsten findet, sind eine Opferschaale und ein Opferkrug in Basreliefs an den Seiten des Altars, dessen Bestimmung dadurch auf die simpelste Art bezeichnet, und durch dies einfache Symbol gleichsam dem Auge erklärt wurde.

Auch die Guirlanden und andere Zierrathen, womit man die Altäre schmückte, findet man auf vielen der alten Denkmäler dieser Art in den Marmor selbst ausgehauen. Es war das erste Geschäft der bildenden Kunst, die zufälligen Zierrathen, an dem Gegenstande selber bleibend darzustellen, und als wesentlich damit zu verknüpfen.

Die Tempel der Alten.

Die Tempel der Götter bei den Alten waren zum Theil schon durch den Ort bezeichnend, wo sie standen. Die Schutzgötter der Städte hatten gewöhnlich auf den höchsten Anhöhen, wo man die Stadt übersehen konnte, ihre Tempel; Apoll und Bachus bei den Schauplätzen; Herkules bei der Rennbahn und bei den Kampfplätzen, wo die Körperkraft sich zeigte; die Tempel des Vulkans und der Bellona mußten eigentlich vor der Stadt gebauet seyn, in so fern man es für Unglück bedeutend hielt, Krieg und Feuersbrunst innerhalb der Mauren durch diese Tempel zu bezeichnen.

Diese Tempel, welche allenthalben die Blicke auf sich zogen, luden zu feierlichen Spielen und

Wettkämpfen, zu Siegen und Triumphen, zur Vertheidigung des Vaterlandes und zugleich zum frohen Genuß des Lebens ein.

Sie ragten mitten aus den öffentlichen Lebensscenen empor, die dadurch geweiht, und an die religiösten Gebräuche angeschlossen wurden.

Die Bildsäulen der Götter.

In dem schönen Alterthum waren die Bildsäulen der Götter dasjenige, was wegen des Ausdrucks von Hoheit und Würde in der veredelten Menschenbildung am stärksten die Aufmerksamkeit auf sich heften mußte; weil in den Götteridealen die erhöhte Jugendstärke, Körperkraft und Schönheit im Grunde sich selber wiederfand, und die Menschheit eigentlich nur das Gepräge ihrer eignen Bildung in den Göttergestalten ehrte.

Wo diese Bildsäulen standen, in Häusern, in Tempeln, auf dem Felde, oder am Wege, da waren sie bezeichnend und bedeutend, indem sie durch ihren Anblick an irgend eine Wohlthat der Natur, an irgend einen Genuß des Lebens, oder an irgend einen der Vorzüge des Menschen erinnerten; und auf die Weise zu ausdruckvollen Symbolen wurden, woran eine Anzahl schöner Nebenideen sich reihen konnten, die alle auf das wirkliche Leben und den Genuß desselben einen unmittelbaren Bezug hatten.

Die Haine der Götter.

Dies waren die ältesten Tempel, welche der Natur gleichsam am nächsten lagen. An den Bäumen waren Hirschgeweihe, Bärenhäute, und Bogen und Pfeile der Diana zu Ehren aufgehängt; und an festlichen Tagen schmückte man die Haine mit Blumenkränzen aus.

Es wurde für einen Kirchenraub gehalten, wenn jemand irgend einen Baum in einem heiligen Haine zu beschädigen wagte; so daß sogar Gebote und Opfer vorher angestellt wurden, wenn die Aeste nothwendig mußten behauen werden.

Diese in die heiligen Gebräuche verwebte Ehrfurcht gegen das Leblose, hat an sich selber schon etwas Schönes und Anziehendes; es ist, als ob das Band zwischen dem Menschen und der umgebenden Natur dadurch gleichsam enger geschlungen würde.

Die Kampfspiele im Cirkus.

Die Kampfspiele im Cirkus wurden durch einen religiösen Aufzug vorbereitet, worin sich alles vereinigte, was nur irgend durch sinnbildlichen Ausdruck von Hoheit und Würde auf die Gemüther der Sterblichen wirken kann.

Durch einen solchen Aufzug wurde die Verehrung aller übrigen Götter, in das Fest, welches man einer besondern Gottheit zu Ehren feierte, mit eingeschlossen, und ihre Bildsäulen im Pomp mit aufgeführt. Die majestätische Folge des ganzen Götterchores bildete vor den Augen des Volks ein bewegliches Pantheon.

Voran wurde eine geflügelte Victoria mit einem Palmzweige in der einen, und einem Kranze in der andern Hand, getragen. Denn es ist die Siegesgöttin, welche bei jedem Kampf, sey's Treffen oder Spiel, den Vorsitz hat.

Dann folgten die hohen Schutzgottheiten Roms. Jupiters Bildsäule mit dem Blitz bewafnet, Juno mit dem majestätischen Pfau, Minerva mit Helm und Spieß, und dann nach der Reihe die Bildsäulen der übrigen Gottheiten.

Geschmückte Knaben leiteten die zum Wettrennen bestimmten Pferde, welche zu dem Feste gleichsam geweihet waren. — Dann folgte der Zug der obrigkeitlichen Personen, der Senat und die Söhne der Ritter. — Hierauf die Fechter und Ringer, und die Chöre von Sängern, wovon das erste aus Männern, das zweite aus Jünglingen, und das dritte aus Kindern bestand; nebst den Pfeiffern und Cytherspielern, an welche sich ein Haufe aus dem Volke in allerlei Verkleidungen muthwillig scherzend anschloß. Dann kamen die Priester, welchen ihre Bediente das Opfergeräthe nachtrugen, und endlich die Opferschlächter mit den bekränzten Opferthieren. —

Es mischte sich nichts Strenges, nichts Düstres in diese Feierlichkeit. — Die Bildsäulen der Götter selber waren schön, und durch dieselben und ihre Attribute, wurde Hoheit, Macht und Würde auf mannichfaltige Weise sinnbildlich ausgedrückt.

Die tanzenden Männer, Jünglinge und Knaben, welche auf eine natürliche und ungesuchte Weise das fortschreitende Alter bezeichneten, boten den Augen ein eben so schönes als bedeutendes Schauspiel dar. Das Opfergeräthe selbst, welches nachgetragen wurde, die Rauchpfannen, Opfertische und Dreifüße, machten einen schönen und mahlerischen Anblick; und die bekränzten Opferthiere vollendeten gleichsam das Gemählde, welches dieser Zug in der Einbildungskraft zurückließ.

Das Ganze zusammengenommen, war ein majestätisches Bild des immer fortschreitenden Lebens, mit seinen abwechselnden ernsten und komischen Seenen. Nichts war darin ungöttlich, nichts wurde ausgeschlossen, was frohen Lebensgenuß gewährt, und Scherz und Lachen schloß sich in dem schönen Zuge mit an.

―――

Die

Die Verzierungen
der
Peterskirche in Rom.

Was zuerst beim Eintritt in die Peterskirche den Eindruck von Größe vermindert, ist der Glanz und die Reinlichkeit, welche einem von allen Seiten, wie aus einem geschmückten Wohnzimmer entgegen strahlet; hier erscheint einem nichts Wüstes und unerreichbar Hohes, die Nettigkeit und Sauberkeit selber bringt der Einbildungskraft alles so nahe, als ob man es mit Händen greiffen und fassen könnte.

Auch durchschauet man alles mit einem einzigen Blicke; nichts Winklichtes und Verborgenes läßt die Einbildungskraft weiter schreiten, als das Auge siehet; darum scheint auch bei dem ungeheuren Umfange, alles so beschränkt und nahe aneinander, als ob man von den Wänden eines angenehmen warmen Zimmers eingeschlossen würde.

Kurz, einem ist wohl bei diesem Anblicke; die Höhe, Breite und Länge dieses ungeheuren Gebäudes macht nichts weniger, als einen schauerlichen Eindruck; man fühlt sich in dieser Weite gar nicht, wie verlohren, sondern von allen Seiten bequem und gemächlich eingeschlossen.

Statt daß in dem gothischen Dome alles darauf angelegt ist, daß die Höhe furchtbar, die Weite wie eine Wüste erscheine, und das Ganze Schauer und Bewunderung errege, so ist hier alles darauf angelegt, bei dem erstaunlichsten Umfange, dennoch die Idee des Angenehmen, Bequemen und Wohnbaren zu erregen. Bei dem gothischen Gebäude soll das Haus einer Felsenmasse, hier soll die Felsenmasse dem Hause ähnlich sehen.

Statt daß man dort durch die ungeheuren Verhältnisse gezwungen wird, mit einer Art von

Entsetzen empor zu schauen, und der Geist sich unter der Masse gleichsam erdrückt fühlt, fühlt man sich hier durch einen sanften Zug emporgehoben, weil das Ebenmaaß der Verhältnisse, die man erblickt, mit dem Geiste des Menschen harmonirend und sein eignes Werk ist, worinn er sich allenthalben wieder erkennt und wieder findet, da er in dem gothischen Gebäude mit einer Art von wilder Schwärmerei sich selber in schauervollen Labyrinthen zu verlieren sucht.

Hier blickt das Auge gleich beim Eintritt zu der schön gewölbten Decke empor, die mit ihrer geschmackvollen Vergoldung sich sanft dem Blicke entgegen zu senken scheinet.

In der Mitte erhebt sich die Wölbung der Kuppel, welche auf dem Erdboden nicht ihres Gleichen hat, und demohngeachtet nichts weniger als einen furchtbaren Eindruck macht, sondern das Auge allmählig, durch ihre sanfte Krümmung bis zu ihrem Schlußpunkt in die Höhe zieht.

Unter dieser schönen Wölbung steht der zierlich geschmückte Hochaltar unter dem vergoldeten Baldachin, welcher auf vier gewundenen bronzenen Säulen ruhet, und selbst die Höhe eines ansehnlichen Gebäudes hat, ob er gleich dem Auge nur wie eine bloße Zierde erscheint.

Das schönste von der Peterskirche aber bleibt immer der Eindruck des Ganzen, wenn man seine Augen nicht auf Kleinigkeiten heftet, und sich durch die überflüßige Pracht und Verzierungen der einzelnen Theile nicht irren läßt. Denn so gewaltig ist der Eindruck dieses Ganzen, daß wenn man nur seine Augen darauf heftet, alle das Kleinliche und Spielende verschwindet, womit eine kindische Ehrfurcht es auszuschmücken suchte.

Verzierungen
an den
Marmorsärgen der Alten.

In einem Zimmer des Kapitoliums in Rom befinden sich eine Anzahl antiker Marmorsärge, an welchen sich die schöne Vorstellungsart der Alten in den reizendsten Bildern darstellt.

Die Amazonenschlacht.

Auf dem einen dieser Särge, von parischem Marmor, ist eine Amazonenschlacht abgebildet. — Auf der Fronte des Deckels sieht man weinende Amazonen und andere, deren Arme gebunden sind.

Unter den Gebeinen in diesem Sarge fand man versteinerten Balsam, und einen kleinen gelbe nen Ring mit Edelgesteinen besetzt. Scheinen nicht jene Sinnbilder auf das Grabmal einer Heldin zu deuten, die vielleicht, wie Zenobia, selbst ins Treffen ging, und als ein Opfer ihres Heldenmuthes fiel, den die bildende Kunst in dem Marmor verewigte?

Der umgestürzte Terminus.

Auf einem andern Sarge ist die Zeit abgebildet, welche die Hülle eines erblaßten Jünglings umfaßt. —

Ein Terminus hinter ihr ist zu Boden gestürzt. —

Diana mit der Fackel, von einem Liebesgott begleitet, steigt vom Wagen, um ihren Endymion zu suchen. —

Unter diesem schönen Symbol pflegten die Alten häufig den Tod des Jünglings anzudeuten. —

In dem Deckel des Sarges sind drei kleine Oefnungen, in welche man wahrscheinlich bei dem Todtenopfer den heiligen Wein ausgoß.

Prometheus.

Diesem Sarge gegenüber steht ein anderer, wo auf der rechten Seite die Sonne auf ihrem Wagen emporsteigt, und auf der linken sich niedersenkt, wo Diana, als die Göttin der Nacht, verweilt. —

Prometheus bildet den Menschen aus Thon; Minerva steht ihm bei, und setzt dem Neugebildeten einen Schmetterling aufs Haupt, um gleichsam den Geist ihm einzuflößen. —

Nach oben zu ist eine Gestalt, die alles genau zu beobachten, und das Schicksal des Neuerschaffenen zu überdenken scheint.

Amor und Psyche umarmen sich, um auf die Vereinigung der Seele und des Körpers anzuspielen.

Die Elemente unter ihren Symbolen, fachen das Leben an, und erhalten es während seiner kurzen Dauer. —

Nun aber ruht schon unter dem Wagen der Diana die Hülle des neugebildeten Menschen, und der Schmetterling flieht von ihm; ein Genius mit der umgekehrten Fackel und den Kranz in der andern Hand, blickt traurig zur Erde nieder. —

Die Seele, in Gestalt der Psyche, wird vom Merkur nach Elysium geleitet; und Prometheus, an dessen Leber der Geier nagt, büßt nun für seine Schöpfung des hinfälligen Menschen. —

Auf dem Deckel ruht ein Jüngling, wie im sanften Schlummer, mit zwei Mohnstengeln in der Hand. —

Ein Knabe hält eine Frucht in der einen und einen kleinen Vogel in der andern Hand. —

Man schreibt gern diesen Sarg dem schönen Diadumenianus, einem Sohne des Kaisers Macrinus zu, der in seinem zwölften Jahre mit seinem Vater ums Leben kam.

Die neun Musen.

Auf noch einem andern Sarge sind in den reitzendsten Stellungen die neun Musen abgebildet — auf der einen Seite ist Sokrates sitzend, und vor ihm eine verschleierte Frau, auf einem niedrigen Säulenschaft gestützt, die mit ihm zu philosophiren scheint.

Auf der andern Seite ist Homer sitzend abgebildet, und vor ihm eine unverschleierte Frau, die ihm ein Volumen überreicht.

Der Deckel ist, gleichsam um den Ernst zu mildern, mit scherzenden Abbildungen von Meerungeheuern, Nereiden u. s. w. rund umgeben. —

Man fand diese Urne drei Meilen von Rom, auf dem Wege nach Ostia.

Konnten wohl schönere Symbole den Sarg eines Weisen, eines Redners oder Dichters zieren? —

Diana und Endymion.

Auf dem letzten Sarge steigt Diana von ihrem Wagen, um den schlafenden Endymion zu besuchen; Morpheus, Amoretten und Genien, Hirten und Heerden sind umher. —

Den Deckel zieren fünf abgetheilte Basreliefs.

Auf dem ersten sieht man zwei Parzen, die den Lebensfaden spinnen, und Lachesis, die ihn abschneidet.

Auf dem zweiten Telesphorus, den Gott der Wiedergenesung.

Auf dem dritten, Pluto und Proserpina, mit dem Cerberus zu ihren Füßen.

Auf dem vierten, Merkur, welcher die Seelen zur Unterwelt geleitet.

Auf dem fünften, Mann und Frau sich umarmend, und auf einem Ruhebette sitzend; einem Hund zu ihren Füßen.

Ein Leichenstein.

Bei der Thür steht ein schöner Leichenstein, auf welchem sich zwei runde Höhlungen befinden, welche die Aschentöpfe des liebenden Ehepaars in sich faßten, dessen die Inschrift erwähnt. —

Mit angenehmen Schauer betrat ich jedesmal dieses Zimmer, welches nach Jahrtausenden noch das heilige Andenken der Todten in schönen Symbolen aufbewahrt, und auf die süßeste Art mit den Bildern des Todes uns vertraut macht. —

…

Marmornes Grabmaal
zum Andenken
des seligen
Grafen von der Mark
auf
Sr. Königl. Majestät von Preußen
allerhöchsten Befehl
auf der Neustadt in der Dorotheenkirche zu Berlin errichtet,

von

G. Schado

Königl. Hofbildhauer und Rector der Akademie der schönen Künste.

(Von diesem Kunstwerke hat der Kurfürstl. Pfalzbaierische Hof-Kupferstecher Herr Sintzenich einen vortreflichen Stich in schwarzer Kunst geliefert.)

Auf einem marmornen Sarkophag ist der junge Graf in einer ruhenden Stellung abgebildet. Die Brust scheint athmend, und die Stärke und Fülle seiner Glieder zeigt Leben an. Der Künstler hätte zu viele Schönheit aufopfern müssen, wenn er die gänzliche Erschlaffung im Tode hätte darstellen wollen. Zu seinem Haupte liegt ein Helm; das Schwerdt entsinkt der Rechten. Beides eine Anspielung auf seine Neigung zu einer kriegerischen Laufbahn. Die reich gestickten Schuhe, und die Decke, welche über den Sarg herunter fällt, bezeichnen den hohen Stand des entschlafenen Jünglings.

Der Sarg im antiken Geschmack von Schlesischen Freiburger Marmor, ruht frei auf leichten Füßen auf zwei Staffeln erhoben. Die halberhabene Arbeit darauf ist von Karrarischen Marmor inkrustirt, und stellt den Augenblick vor, wie die Göttin Minerva den Jüngling in ihre Schule der Künste und Wissenschaften aufnehmen wollte, und die Zeit ihn ihr entreißt, er sträubt sich, die Zeit aber zeigt den unterirrdischen Weg, den die abgeschiedenen Seelen nehmen müssen; auf einem dabei liegenden Schilde ist das gräfliche Wapen.

Auf der rechten Seite des Sarges ist der Tod, wie ihn die Griechen abgebildet, dargestellt, ein Jüngling mit erloschner Fackel, er hält einen Kranz von Rosen, worin man einen Schmetterling bemerkt, unter welchem sich die Alten die Seele dachten.

Auf der linken Seite sieht man des Todes Bruder, Morpheus, oder den Schlaf; man erkennt ihn an dem Sinnbilde des Schlafs, der Mohnstaude, welche zu seinen Füßen hervorkeimt, sein Haupt ist mit Mohnblumen gekränzt.

Oben sieht man in einer Nische die drei Parzen: Lachesis hält das Buch des Verhängnisses, und scheint den Augenblick bestimmt zu haben, wo Atropos den Faden zerreißen soll. Klotho, die ihn gesponnen, sucht die Atropos abzuhalten. Das Zerreißen des Fadens deutet auf die Hinwegraffung in der Blüthe der Jugend, da nicht Alter oder Schwäche die Schuld des Todes sind. Man findet eine ähnliche Vorstellung in einem kleinen Bilde auf dem hiesigen alten Schlosse von Mich: Angelo, dessen Geschmack in der Bekleidung seiner berühmten Sybillen in der Sixtinischen Kapelle, der Künstler nachzuahmen gesucht hat, weil die Parzen in Ansehung des Hohen und Geheimnißvollen mit jenen Wesen etwas Aehnliches haben.

Alle hieran verfertigte Bildhauer Arbeit, so wie auch die Guirlande von Eichenlaub, sind von

Karrarischen Marmor. Die Stufen und der ganze Corps d'Architekture ist von Schlesischem Kauffunger Marmor, der röthlich aussieht. Die Fugen der Stücke sind alle sommetrisch gewölbt. Das Frontispice ist von Schlesischem dunkelblauen Freiburger Marmor. Die Nische ist aus Priborner Marmor, woran jedoch die obere Schaale ein wegen seiner Größe und Güte besonders schätzbares Stück Marmor ist.

Auf einer Tafel von schwarzem Brabanter Marmor befindet sich folgende Inschrift vom Hrn. Professor Ramler.

FRID. GUILIEL. MAURIT. ALE-
XANDER. MARCH. COMES.
NAT. D. IV. JAN. MDCCLXXIX.
DENAT. D. I. AUG. MDCCLXXXVII.
PATERNIS PROSECUTUS LACRIMIS
EGREGIIS VIRTUTIBUS ORNATUS
ARTIBUS INGENUIS MATURE IN-
STRUCTUS
AD ALTIORA SE CONTULIT STUDIA
COELITUM CHORIS IMMIXTUS.

Friedrich Wilhelm Moritz Alexander
Graf von der Mark.
Gebohren den 4ten Januar 1779.
Gestorben den 1. Aug. 1787.
Beweint von Vaterthränen,
Geschmückt mit Seelenadel
Früh sich den edlen Künsten weihend,
Trat er die höhere Laufbahn an,
Dem Chore der Himmlischen zugesellt.

Gewand und Faltenwurf.

Apollo Musagetes
(Im Vatikan in Rom.)

Dieser weibliche Apollo ist Harmonie und Wohllaut in seiner ganzen Stellung. —

Seine Körperbiegung ist nach vorwärts, und sein Gewand wird von dem Hauch der Luft sanft zurückgeweht. — Je länger man dieß Gewand betrachtet, desto harmonischer scheinen seine Falten sich zu werfen, und gleichsam in das tönende Saitenspiel zu rauschen. — Der Mantel über dem Leibrocke vermehrt die Würde und Fülle des Ganzen.

Die schrägen Parallellinien, in welchen die Falten sich zurückbiegen, und nach unten zu wieder

der vorwärts treten, geben einen anschaulichen Begriff von der Einheit des Mannichfaltigen, welcher macht, daß die Harmonie der Tonkunst selber in dieser Figur verkörpert zu seyn scheint. —

Auch der Ausdruck in der Miene ist wie auf erhabene Töne horchend — und der Schluß an dem Lorbeerkranze um das Haupt vollendet das Ganze in Eines, und macht gleichsam das Vollendete dieser Bildung aus, in welcher alles musikalische Bewegung ist.

Denn selbst die Linie, in welcher der Arm sich emporhebt, und der Fuß vorwärts tritt; bezeichnet Takt und Rhytmus, und Ruhe und Ernst im Blick bezeichnen göttliche Hoheit.

Die tragische Muse. —
(im Vatikan in Rom.)

Die tragische Muse tritt majestätisch und ernst einher — ihr Gewand ist unter dem Busen gegürtet, und sinkt über das durchschimmernde Knie herab. —

(H)

Sie hält die tragische Larve in der rechten Hand, und deutet mit der linken gleichsam den Fall des Edlen an. —

Wie kömmt es, daß die Falten im Gewande einen so unwiederstehlichen Reiz für das Auge, oder vielmehr für die Einbildungskraft haben? — Ist es etwa, weil sie eine gewisse Fülle und Ueberfluß bezeichnen, welche der unterliegenden Bildung gleichsam freien Spielraum läßt? — oder weil durch das Auge die Seele beschäftiget wird, die Zweck und weise Anordnung selbst in dem bemerkt, was sonst ein bloßes Spiel des Zufalls ist? —

Daß gerade in dieser Stellung das Gewand so und nicht anders fallen mußte, und daß Erhabenheit und Würde nicht nur durch den Körper und seine Stellung, sondern auch durch das Gewand, das ihn umhüllt, hervorschimmert, ist ein hoher Triumph der Kunst, die auch in dem zufällig scheinenden Faltenwurf die schaffende Natur nachahmet.

———

Beschreibung
eines
neuen Gesellschaftssaals
in der ehemaligen Wohnung des Königl. Staatsministers Freiherrn von Heinitz

im

Dorvilleschen Hause
zu Berlin

von

Johann Christian Genelli,
Architekt. *)

— — αἱ μῆσαι χρυσαμπυκες — —
Ἐννέα τῇσιν ἁδον Θαλίαι καὶ τέρψις ἀοιδῆς.

HESIOD. THEOGONIA. V. 915. 916.

Wenn der Architekt verzieren will, so muß er zu den andern bildenden Künsten seine Zuflucht nehmen. Denn die Architektur bietet nur todte Gegenstände dar, die blos dann interessiren, wenn

---

*) Diese Beschreibung ist von dem Architekten Herrn Genelli selbst verfertigt.

sie in ihrer Anordnung wesentlich sind. Will er diese beleben, so muß er Sachen anbringen, die Geist und Herz beschäftigen können: Geschichten, Sinnbilder, poetische Fictionen; oder doch Darstellungen aus der überall belebten Natur. Dies sind Zierrathen für die Architektur: Säulen und Gebälke müssen da nützlich scheinen, wo sie hingeordnet sind; und können zierlich, aber nicht Zierrath seyn.

Dem gemäß, werden hier nur die poetischen Bilder dieses Saales erkläret, weil die Architektur desselben, die nur der Symmetrie des Raumes, der bequemen Eintheilung wegen, und gleichsam als Gerüst zu jenen angebracht ist, keiner Erklärung bedarf. Nur dies sey beiläufig angemerkt, daß sie, nach Erforderniß des Ortes und weil sie nur in Farben ausgeführt werden sollte, sehr leicht und flach angegeben ist. In einem Raume, wo die vier Wände hinreichend zu Stützung der Decke sind, freies Säulenwerk anbringen, oder gar die Wände durchbrechen, um diesen Stützen Platz zu verschaffen, wäre ungereimt und überfäfig, und würde in so engem Raume plump ausfallen; um so mehr, da dergleichen Gegenstände in der Mahlerei nur Einen Gesichtspunkt verstatten, außer welchem bloße Verwirrung erscheint, die durch keinen andern Reitz vergütet wird.

Die Musen, die, wie Hesiod sagt, fröhliche Gelage, und das Vergnügen des Gesanges lieben, sind die ersten Vorstellungen in diesem Saale. Sie sind sitzend in Nischen, zu welchen die Gestalt des Fensters die Veranlassung gab, oben herum geordnet, wo sie von ihrer Höhe die Aussicht über den Saal führen, und die Versammlung unter ihren göttlichen Schutz nehmen. Weil aber, nach der Einrichtung des Saals, eilf solcher Nischen angebracht werden mußten: so ist der Chor der neun Helikonischen Schwestern mit ihrer gemeinschaftlichen Mutter Mnemosyne, und Apollo, dem Herrscher, vermehrt worden; und zwar so, daß Phöbus Apollo, der mit dem harmonischen Klange seines Psalters den Tanz der Sphären leitet, und den Menschen Heil und Gedeihen bringt, grade dem Fenster gegenüber, von seinem Sitze herab gleichsam den ganzen Saal beherrschet. An iden Seitenwänden ist Mnemosyne die erste, wenn man in den Saal tritt; und dann folgen ihre Töchter in der Ordnung, wie sie Hesiodus anführt.

Ob sie gleich alle in ruhiger Stellung sind, so hat man doch gesucht, durch Gestalt und Geberde ihre Charaktere auszudrücken; wozu noch die Wahl der Farben in ihren Gewändern kömmt, welche von den Herkulanischen Musen entliehen sind, außer die der Euterpe, welche unter diesen verloschen, und der Mnemosyne, die unter den benannten Bildern nicht befindlich ist.

Apollo, der stets Blühende, sitzt, auf seine Leier gestützt, halb in grünes Gewand gehüllt, und mit Lorbeern gekränzt. Mnemosyne, das Gedächtniß oder die Denkkraft, Mutter der Erfindungen, der Musen, Tochter des Himmels, und der ältern Gottheiten eine, sitzt in nachdenkender Stellung mit himmelblauem Kleide; sie ist in einen weißen Mantel ganz eingehüllt, hat das Haupt mit dem goldnen Diademe geschmückt, und wie Apolls Sohlen unter den Füßen. Klio, die Ruhmvolle, Muse der Geschichte: sitzt nachläßig, in einem Volumen lesend; sie hat ein violettes Kleid, und einen dunkelrothen Mantel, das Haupt mit Lorbeern gekränzt, und ist barfuß. Euterpe, die Ergötzende, Muse der Tonkunst: müßig sitzend mit übergeschlagenen Beinen, und ihre Flöten in den Händen; in gelbem Kleide und karmesinrothen Mantel, und mit Epheu bekränzt. Thalia, die Fröhliche, Muse der Komödie: in der einen Hand eine komische Maske, die sie betrachtet, in der andern einen Hirtenstab; in grünem Kleide mit rothem Mantel, und das Haupt mit Lorbeern bekränzt. Melpomene, die Melodische, Muse der Tragödie: mit der tragischen Maske und einer Keule; hat ein blaues Kleid und rothen Mantel, eine goldne Kopfbinde und einen Lorbeerkranz, goldne Armbänder und einen Kothurn unter dem rechten Fuß. Terpsichore, die Freundin des Tanzes: auf der Leier spielend; ihr Kleid spielt in zwei Farben, himmelblau und hellroth, und der Mantel ist blau; sie ist bekränzt, und hat Sohlen unter den Füßen. Erato, die Sängerin der

Liebe: den Psalter schlagend; in rosenrothem Kleide und Mayengrünem Mantel, und mit Myrthen bekränzt. Polymnia, die Gedächtnißreiche, Muse der Fabel: den rechten Zeigefinger auf den Mund legend, zum Zeichen des verdeckten Verstandes in ihren Gesängen; in grünem Kleide und blauem Mantel, einen Lorbeerkranz auf dem Haupte, und Sohlen an den Füßen. Uranie, die Himmlische, die in den Sternen wandelt, mit der Himmelskugel; in blauem Kleide und gelbem Mantel; sie hat Schuhe an, und einen Lorbeerkranz. Kalliope, mit schöner Stimme, die Sängerin der Helden: leicht geschürzt, mit grünem Rock und weißem Mantel, einem Epheukranze, rother Kopfbinde, Ohrringen, Armbändern am Oberarm, und Sohlen an den Füßen: sie hält ein zusammengerolltes Volumen in der Rechten. Diese, sagt Hesiod, ist die vortrefflichste: denn sie begleitet Herrscher und Helden, und bringt ihre Thaten auf die Nachwelt — und hier schließet sie den blühenden Kreis.

Außer der einer jeden zukommenden Charakteristik sind noch auf den Sockeln, worauf sie sitzen, ihre griechischen Titul angebracht, die, insofern sie bei den Herkulanischen Musen angezeiget sind, nach diesen abgeschrieben worden; zu den übrigen hat man ähnliche hinzugefügt. Sie sind folgendermaßen zu ergänzen. ΦΟΙΒΟΣ. ΑΠΟΛΛΩΝ: *Phoibus Apollôn* — ΜΝΕΜΟΣΥΝΗ. ΑΙΔΟΙΗ: *Mnemosyne aidoïe:* die Ehrwürdige — ΚΛΕΙΩ. ΙΣΤΟΡΙΑΝ; *Kleiô historian:* die Geschichte — ΕΥΤΕΡΠΗ. ΑΥΛΟΙΝ: *Eyterpe auloin:* die Flöten — ΘΑΛΕΙΑ. ΚΟΜΩΙΔΙΑΝ: *Thaleia komoidian:* die Komödie — ΜΕΛΠΟΜΕΝΗ. ΤΡΑΤΩΙΔΙΑΝ: *Melpomene Tragoidian:* die Tragödie — ΤΕΡΦΙΧΟΡΗ. ΛΥΡΑΝ: *Terpsichore lyran:* die Leier — ΕΡΑΤΩ. ΦΑΛΤΡΙΑΝ: *Erato pfaltrian:* der Psalter — ΠΟΛΥΜΝΙΑ. ΜΥΘΟΥΣ: *Polymnia mythus:* die Fabeln — ΟΥΡΑΝΙΗ. ΑΣΤΡΑ: *Uranie astra:* die Sterne — und ΚΑΛΛΙΟΠΗ. ΠΟΙΕΜΑ: *Kalliope poiema:* das Gedicht.

Unter diesen Nischen bleiben durch die Art der Anordnung nur noch neun Felder: denn eine derselben kömmt über den Kamin, eine andre über den großen Spiegel, der zwischen beiden Thüren angebracht ist. So wie die obern Musen ihren heiligen Schutz über den Saal ausbreiten, und der Versammlung ihre erfreulichen Gaben, Ergötzung des Geistes, und die sanft vergleichende Rede, welche die Menschen in Liebe vereint, und muntre Scherze verleihen: also sollten in diesen untern Feldern mehr für den Sinn reitzende Bilder angebracht werden, die den Menschen auch an sein physisches Dasein erinnern, und ihn zum fröhlichen Genuß desselben auffordern. Hiezu ward das Bild des Komus gewählt, des Gottes der Gastereien, der Lust und Fröhlichkeit; unter dessen schwärmenden Tanze des Lebens lachendere Seite geschildert wird.

Dem Unbefangenen, unbekannt mit Kummer und Druck, der des Neides Zahn nie fühlte, jeden gegenwärtigen Augenblick genoß, und den Künftigen stets mit neuen Freuden herannahen sah;

dem lacht die gesegnete Natur; dem ist das Leben ein jauchzender Tanz auf blumiger Aue. Aber wenn er angefeindet, dem Kummer und Druck unterliegt, die Gegenwart entrückt, die Zukunft ohne Hoffnung sieht; dann erst schilt der Mensch gaüsüchtig die Natur und sein Daseyn. Doch letztere Darstellung durfte hier keinen Platz finden.

Es ist demnach in fortschreitenden Bildern auf dunklem Grunde, die, wie die der Musen, bei der Thür anfangen, unter dem Tanze des Komus der fröhliche Gang des Lebens geschildert. Man fängt an mit der Vorbereitung zu diesem Tanze; und schließt mit der Ermüdung und Ruhe nach selbigem. In dem ersten Gemählde bindet sich der Gott die Sohlen unter; im zweiten windet er sich einen Kranz; im dritten zündet er seine Fackel an; im vierten füllt er sich die Schaale; im fünften tanzt er, diese in der Hand; im sechsten leert er sie tanzend; im siebenden schwärmt er Bacchisch, hoch die Fackel schwingend; im achten taumelt er nur noch ermüdet, und läßt die Fackel sinken; und im neunten ruht er mit übergeschlagenen Weinen, auf die ausgelöschte Fackel gestützt. Herder führt aus dem Philostrat einen ähnlichen ruhenden Komus an;*) und wer fühlt hierbei nicht sogleich das Bild des sanften Entschlafens nach einem schönen Genußreichen Leben? Vielleicht, dies sei im Vorbeigehen gesagt, stellen ähnliche Genien auf Römischen Grabmählern oft nichts als diesen ruhenden Komus vor. In der Anwandlung des Schlafs scheint er, wie auch Philostrat es angiebt, zu vergessen, was er in den Händen hält, und öffnet sie. Daß man ihm aber einen Schmetterling auf den Kranz gesetzt, den er in der Linken hält, soll ihn nicht zum Todesgenius umbilden; soll nur den Verstand an dies sanfte Gleichniß erinnern, daß eine Reihe von Aufmunterungen zur Freude so paßlich zu schließen scheint.

Noch befinden sich zwei Gottheiten in dieser Gesellschaft, die aber nur als Nebenbegriffe zu betrachten sind; da sie zwar mit obigen verwandt sind, doch aber in die wesentliche Verbindung je-

---

*) In der Abhandlung: wie die Alten den Tod gebildet, im zweiten Brief.

ner ersten Begriffe nicht eigentlich hingehören. Die erste ist Amor, der in der Musen Nachbarschaft wohnt. In dem mittlern Basrelief über dem Spiegel ist er vorgestellt auf der Flöte spielend, und um ihn tanzen sieben Genien im Kreise; eine Anspielung auf die Pythagoräische Harmonie der Sphären. Ueber der wirklichen Thüre reitet er im Triumph auf einem Löwen, die Leier in der Hand; und ihn begleiten seine Gespielen mit den erbeuteten Waffen der mächtigen Götter. Es drückt seine Macht aus, die stolzesten Gemüther zu bändigen; und entspricht jenem griechischen Epigramm:

Siehe die Liebesgötter! verwegene, hüpfende Knaben,
rüsten mit Waffen sie sich, zieren mit Beute sich aus,
Und es ist Götterbeute. Der schwingt den Bacchischen
Thyrsus;
Dieser Mavors Schild und den gefiederten Helm:
Der trägt Jupiters Blitz, und der den Köcher Apoll's;
Dieser Alcides Schmuck, jener den hohen Trident.
Zittert, Menschen, der Liebe; sie hat den Himmel bezwungen;
Allen Unsterblichen hat Cypris die Waffen geraubt.

Ueber der falschen Thüre ist er vorgestellt, wie er mit seinen Gespielen zwei Widder gegen einander hetzt: auf einem derselben reitet ein Amorin noch, da sein Gegner von dem andern herabgefallen ist. Amor hetzt oft die sanftesten Gemüther gegen einander.

Die andere Gottheit ist Bacchus. Auf einer großen Vase, die auf dem Kamin steht, ist dessen Triumph vorgestellt. Er fährt auf einem Wagen, von einem Pardel und einem Bocke gezogen, auf denen zwei spielende junge Faunen reiten, begleitet von seinen fröhlichen Genossen. Durch die Masken am Bauche, und die Schwäne, Apollons Vögel, die oben auf dem Deckel liegen, und mit ihren Hälsen gleichsam den Griff desselben bilden, wird übrigens dies Gefäß genauer für den Ort bestimmt.

Dies ist die Beschreibung der poetischen Darstellungen, mit welchen dieser Saal ausgeschmückt ist; zu welcher nur noch hinzugefügt wird, daß die Sphinx und der Greif, die über den Thüren, zu beiden Seiten der Nische Apollons sitzen, Attribute dieses Gottes sind. Sie sind die Hüter seines Heiligthums, und deuten, die Sphinx mit der Maske, welche keine theatralische ist, auf die

Orakel, die in räthselhafter Dunkelheit das Schicksal verkündeten; und der Greif mit der Leier, auf die Macht der Harmonie. Die jugendlichen Figuren, die rund herum den Karnies zu stützen scheinen, sind bloß schmückende Darstellungen aus der belebten Natur, die durch ihre Mannichfaltigkeit ergötzen: ohne andern Zweck, als der Architektur, mit welcher sie genauer verbunden sind. *)

---

*) Was die Ausführung betrifft, so sind die Figuren sämmtlich von dem Historienmahler Herrn Karstens, die Architektur aber ist vom Herrn Fechhelm gemahlt: die Vase, was die Figuren anlangt, vom Hofbildhauer Herrn Schadow, übrigens aber vom Herrn Werner, Modelleur in der Porzellainfabrick, verfertigt.

Der Körperbau ist nur halb durch dies Gewand verdeckt, und schimmert halb hindurch.

Das Gegeneinanderüberstehende bildet einen schönen Gegensatz — der linke Arm ist, so wie das rechte Bein, entblößt. — Der rechte Arm ist, so wie das linke Bein, bedeckt. —

Der linke Arm gesenkt und ruhend, in der Hand die papierne Rolle — der rechte Arm emporgehoben, mit der Hand und dem ausgestreckten Zeigefinger den Ausdruck der Rede begleitend. —

Das emporgehobene Gewand bezeichnet die Emporhebung des Armes und enthüllt zugleich einen Theil des Körperbaues. —

Das Haupt ist natürlich umlockt; der Hals entblößt — die Tunika dicht anliegend — der Ermel deckt nur den linken Oberarm. —

Die weite Toga über der Tunika deckt nur die Schulter — steigt hernieder, umschlingt die linke

Hüfte, und wird vom rechten Arme wieder emporgetragen. —

So wiegt sich, im schönen Wechsel, Niedersenkung und Emporsteigen sich gegeneinander ab. —

Ein reichsstädtischer Bürgermeister. *)

Das vollkommene Gegentheil von der voranstehenden Figur. —

dort

Anstand, Würde, Leben, Bewegung, und Leichtigkeit. —

hier

Plumpheit, Steifheit; schwere unbehülfliche Masse. —

Den Kopf entstellt:

Das hangende Unterkinn;

Die aufgedunsene Wange;

Die fast verquollenen Augen;

Der ungeheure Wulst von erborgten Haaren, den Kopf verbergend, auf beiden Schultern ru-

---

*) Siehe die zweite Kupfertafel.

hend, mit den herabhangen Zipfeln auf beiden Seiten;

Der spitze Hut, der die Scheitel deckt;

Der steife Kragen, der den Hals umschließt; und auf welchem das breite Kinn mit seiner Unterlage ruhet. —

Statt der leichten Tunika, umhüllt den Leib und deckt die Schenkel die ungeheure Doppelweste, mit den steifen Schößen, mit Knopflöchern und mit Knöpfen von oben bis unten ausstaffiert. —

Auf den Schultern ruhet, statt der vollen und schönen natürlich faltenreichen Toga, der kurze Mantel, der, wie von Holz geformt, über dem Knie und Rockschooß sich in gerader Linie abschneidet. —

Die Kniegürtel über den feisten Waden schnüren das Beingewand zusammen. —

Auf den ganz gleichen Füßen steht die schwere Körpermasse, wie auf zwei bauchlichte Säulen gestützt. —

Der Fuß ist in den gerundeten unförmlichen dicken Schuh gepreßt, worin die kleine Schnalle, ihn, wie ein Vorlegeschloß, verwahrt. —

Die Hände sind vor der Brust zusammen, auf dem Bauche ruhend — die linke hält ein Papier, indeß die rechte phlegmatisch worauf deutet. —

Statt daß in der voranstehenden Figur der ausgestreckte Zeigefinger der rechten Hand den Ausdruck der beweisenden Rede bedeutend und schön begleitet, ist hier die Bewegung der Hand mit der Miene des Gesichts vollkommen übereinstimmend:

Phlegmatisch kalt und stolz befehlend. — —

Eine römische Matrone. *)

Ernst und sittsam senkt sich die Tunika der Matrone bis auf die Füße herab. —

Die Toga über der Tunika wird von dem linken Arme emporgetragen, indeß die rechte sich niedersenkt, und auf dem fallenden Gewande ruht, das, über die Tunika hinaufgezogen, in seinem sanften Fall sich ründet. —

Ueber dem linken Fuße steigt die emporgezogene Toga mit schrägen Faltenwurf in die Höhe. —

Hier ist nichts schrof abgeschnittnes, sondern lauter allmälige Uebergänge, und sanftes Ineinanderfließen.

Das Gewand, welches sich von oben bis unten niedersenkt, bildet ein ununterbrochenes Ganze. —

---

*) Siehe die dritte Kupfertafel.

Der Wurf der Toga über die Schulter bezeichnet mit drei halbverlohrnen Linien die sanfte Rundung. —

Die Senkung und Erhebung des Gewandes, das um den Körper natürlich fällt, und nirgends zu genau anpassend und angemessen ist, giebt der ganzen Figur ein harmonisches, edles und volles Ansehen, wodurch sie erst ein würdiger Gegenstand für die bildende Kunst wird.

Eine Prinzeſſin von Parma. *)

Was in der voranſtehenden Figur ſanft gerundet iſt, das iſt hier ſcharf und eckigt. —

Der Wulſt auf den Schultern verhüllt und entſtellt den Körperbau, den dort der ſchöne und natürliche Faltenwurf bezeichnet. —

Statt daß ſich dort das Gewand von oben bis unten niederſenkt, und ein ununterbrochenes Ganze bildet, ſchneidet es hier ſich um die Hüfte ab, nimmt nach unten wie eine Glocke zu, und ſpitzt ſich nach oben bis zum Halſe, den unter dem Kinn eine ſteife Binde umſchließt. —

Auch hier ſteigt ein weites Gewand, das Falten wirft, von der Hüfte nieder; nur daß es ſich über den Füßen in zu gerader Linie abſchnei-

---

*) Siehe die vierte Kupfertafel.

bet, ſtatt daß dort die Toga ſich ſchräg in die Höhe zieht. —

Ein Theil des Gewandes deckt bei der voranſtehenden Figur, das Haupt, und ſenkt ſich in ſanften Falten nieder, ſtatt daß hier der abgeſonderte dichtanliegende Hauptſchmuck einen ſteifen gezwungenen Umriß bildet.

Die Kleidung von der Hüfte an ſondert ſich — der Leib iſt dicht umſchränkt. —

Das flatternde Gewand auf dem Rücken vereinigt gewiſſermaßen wieder das getrennte Ganze. —

Das zu feſt anliegende, genau angemeſſene, und den einzelnen Theile des Körpers beſonders anpaſſende, iſt der Charakter der gothiſchen Kleidung. —

Die ſteife Binde um den Hals; der dicht anliegende Schuh um den Fuß; der enge Strumpf um die Wade, die Schnürbruſt um die Hüften:

Das leichte, lockere, flatternde, den Körper ſanft umhüllende, iſt ſchön und geſchmackvoll, und bezeichnet das griechiſche und römiſche Gewand.

Durchbrochene Arbeit.

Eine Spielart des Geschmacks, welche sich in der durchbrochenen Arbeit äußert, erstreckt sich von dem Münster in Strasburg, bis auf die Schnalle am Schuh, und den stählernen Knopf am Kleide. —

Durch die Durchbrechung der harten Masse, giebt man dem stählernen Knopf das Ansehn des zierlich Ausgearbeiteten. — Dies ist nun freilich wohl kein Verdienst, weil es zu dem Endzwecke des Knopfs, als Knopf, nichts beiträgt, eben so wenig, wie die Durchbrechung an dem gothischen Gebäude auf die Bequemlichkeit und wahre Zierde des Hauses, als Haus, abzweckt.

Freilich ließe sich bei dem gothischen Thurme für die Durchbrechung wohl ein Grund angeben:

weil nehmlich die Höhe des Thurms an sich schon zu seinem Umfange ein unpassendes Verhältniß hat, so muß das Ungeheure durch den Begriff der Leichtigkeit gemildert werden, womit die abentheuerliche Masse in die Luft empor steigt, und durch ihre eigene Last nicht niedergedrückt erscheint.

Der Schnalle am Schuh, dem stählernen Knopf am Kleide giebt die Durchbrechung das Ansehn von Zierlichkeit und Zartheit, womit die Vorstellung des Leichtzerbrechlichen verknüpft ist, die mit der harten Masse auf eine angenehme Weise kontrastirt.

Man kann auch an diesen Spielarten des Geschmacks wohl abwechselnd Vergnügen finden, wenn durch die Betrachtung solider Massen das Auge gesättigt ist. —

Das Geschmacksurtheil.

Die Alten waren Künstler mit der Einbildungskraft und mit dem Verstande zugleich; diejenigen, welche von ihnen abwichen, waren blos Künstler mit der Einbildungskraft: es war ihnen gleichsam zu lästig, den Flug der Einbildungskraft immer wieder zurückzurufen; sie ließen sich durch ihren Gegenstand selbst mit einer Art von Vergnügen in Labyrinthe verleiten, statt daß sie hätten wünschen sollen, desselben immer Meister zu seyn, und ihn in ihrer Gewalt zu haben. Ihre Zusammensetzungen verhalten sich daher zu den Kunstwerken der Alten, wie ein arabisches Feenmährchen zu der Illiade des Homer.

So wie wir uns nun zuweilen am kindischen Spiel ergötzen, können auch die sonderbarsten Ausschweifungen der Einbildungskraft uns wohl Vergnügen erwecken; nur müssen wir sie für das halten, was sie sind, und das Studium und die Betrachtung der edleren Werke des Geistes nicht darüber vernachläßigen: denn durch diese bekommen wir doch erst den wahren Maßstab für das Schöne, nach welchem wir es bis in seine feinsten Abstuffungen verfolgen und würdigen können, und wodurch uns zugleich die Grenzen des Abentheuerlichen und Abgeschmackten bezeichnet werden, welche doch irgendwo statt finden müssen, weil man sonst gar nicht sagen könnte, daß irgend etwas geschmackvoll sey.

Freilich kömmt es nun darauf an, von wem das Urtheil, daß etwas geschmackvoll oder geschmacklos sey, ausgesprochen wird; weil der eine sich wirklich an einer Sache sehr ergötzen kann, wovon ein andrer verächtlich seinen Blick abwendet.

Hier'n beruht aber alles auf der Vergleichung; wer diese anzustellen noch nicht Gelegenheit oder Muße gehabt hat, dessen Urtheil verdient Schonung und Nachsicht, wer aber bei der Vergleichung selber durch das Edle und Schöne ungerührt bleibt, den werden auch keine Gründe überzeugen; er wird den Gott der Harmonien mit seinem Saitenspiel verdammen, und für die Pfeiffe des Pan entscheiden. —

www.ingramcontent.com/pod-product-compliance
Lightning Source LLC
Chambersburg PA
CBHW030350170426
43202CB00010B/1329